Poemas enumerativos    Eduardo Moga

EDUARDO MOGA

Foto: *Blanca Ruiz Narváez*

OLIFANTE / EDICIONES DE POESÍA

*www.olifante.com*

Ediciones de Poesía

Eduardo Moga

# Poemas enumerativos

OLIFANTE
Ediciones de Poesía

*Olifante. Ediciones de Poesía, fundada y dirigida desde 1979*
*por Trinidad Ruiz Marcellán*
*Segunda época*

*Edición conmemorativa del XLV Aniversario*
*de la creación de OLIFANTE. Ediciones de Poesía*

*Poemas enumerativos*
de Eduardo Moga

*Este libro ha sido publicado con la ayuda del*
*Departamento de Presidencia, Interior y Cultura del Gobierno de Aragón*


*Editado por OLIFANTE. Ediciones de Poesía*
*Diseño gráfico: Vicente Pascual*


*I.S.B.N.: 978-84-127338-2-2*
*Depósito Legal: Z 34-2024*
*Impreso en España por*
COMETA, S.A. *Carretera de Castellón, km 3,400. 50013 Zaragoza*

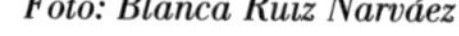

*Foto: Blanca Ruiz Narváez*

# Prólogo

Enumerar es una tarea aparentemente sencilla. Es una de las primeras que hacen los niños. El mundo se reduce, a sus ojos, a una serie de objetos –o acciones– codiciados, y ellos los señalan o, cuando pueden, los dicen. No pretenden establecer ninguna relación: solo acceder a pedazos concretos de la realidad. Están enumerando, y su enumeración es genésica: ellos *crean* esos pedazos, identificándolos, desgajándolos, nombrándolos, deseándolos.

Este procedimiento creador se ha trasladado a la literatura. Y lo ha hecho desde los albores de la cultura escrita. La enumeración está en la *Teogonía* de Hesíodo y en la *Ilíada* de Homero, que inventaría las innumerables naves helenas; y está en la Biblia, cuyo *Cantar de los cantares* refiere los dones de la esposa, y cuyo Evangelio según Mateo desgrana la genealogía de Cristo desde Abraham: cuarenta y dos generaciones. Conoce después a Virgilio y Ausonio, a Aristóteles y Diógenes Laercio; atraviesa la Edad Media, con los *Carmina Burana*, con Isidoro de Sevilla, con Dante, con Villon; no se detiene en la Edad Moderna, en que siguen practicándola Shakespeare, Milton, Rabelais y Cervantes, entre otros; y desemboca en la Edad

Moderna y Contemporánea, en las que encuentra cultivadores tenaces: Whitman, en cuyo *Hojas de hierba* es raro dar con poemas que no las contengan; Edgar Lee Masters, que coleccionó muertos parlantes en *Antología de Spoon River*; Neruda, que enumeró las cosas que llegarían a la casa de Federico García Lorca «si pudiera llenar de hollín las alcaldías / y, sollozando, derribar relojes»; Borges, que calificó de meros catálogos las enumeraciones de Whitman, pero que creó su propio y numeroso catálogo con las cosas que vio en el Aleph –«cada cosa era infinitas cosas»–; y Umberto Eco, que se recreó en la acumulación en *El nombre de la rosa* y en *Baudolino*, e ilustró la historia de la enumeración en un sabio compendio titulado *El vértigo de las listas*. En León y 1996, Bruno Marcos Carcedo publicó un *Libro de las enumeraciones*, en el que se lee: «Hago y deshago mi lecho porque las enumeraciones vienen hasta mí». Yo digo lo mismo. Y todo el párrafo que ahora acaba es ya una enumeración.

La enumeración me ha servido –y me sirve todavía– para concretar el mundo, para suscitar el trance y para alterar el ritmo. Lo que veo –lo que siento–, como lo que ven o sienten la mayoría de los hombres, suele ser una masa inarticulada de fenómenos o un flujo informe de palabras: una burbuja abstracta y cenagosa en lo que nada está delimitado. La enumeración penetra en esa cápsula turbulenta como un cuchillo de muchos filos y separa lo que hasta ese momento estaba unido: desune para significar. El mundo ya no es una pasta, sino un mosaico: la realidad innominada recibe un nombre, o muchos nombres: tantos como elementos la componen. Así, eso que siento, y que podría recibir el nombre de melancolía, no tiene por qué permanecer en la indefinición: la melancolía es el pájaro que bebe de un charco gris, entre sombras ardientes, y los pliegues tenebrosos de la noche, y la soledad que me envuelve, y el lápiz que me mira, caído en el escritorio, y el hecho de tener que escribir un prólogo para un libro y que no me apetezca. Por inabarcable o inconcreto que sea lo que queramos decir, la enumeración lo vuelve decible: disgregándolo, lo reconstruye; parcelándolo, lo totaliza. La enumeración es otro instrumento alumbrado por la inteligencia que nos permite llegar a donde nuestra sola naturaleza no nos permite hacerlo, como el microscopio, el telescopio o el periscopio.

La enumeración también puede suscitar el trance, ese estado hipnótico o visionario que la poesía –o alguna poesía, al menos– pretende que alcance el lector. Suscitar el trance no quiere decir suscitar el sueño, sino justamente lo contrario: provocar una vigilia esclarecedora, un estado de apacible excitación que permita edificar un mundo distinto con los materiales de este. La enumeración, con su cantinela acopiadora, induce a otra disposición perceptiva y, en consecuencia, a otro estado de conciencia. Un estado de ebullición imaginativa, y hasta existencial, en el que cabe la invención y la anulación, en el que reparamos con violencia –con la violencia de lo dicho– en la pluralidad de lo existente, y esa certeza acaso nos arrastra a multiplicar lo que pensamos y lo que sentimos, y también lo que somos.

La enumeración, por último, tiene una esencial función rítmica. Interrumpe la construcción subordinada de los versos (o, si preferimos la jerga lingüística, la hipotaxis) y la progresión cronológica (o simplemente lógica) de la obra, y nos sume en un magma acumulativo, gobernado por la coordinación, que puede –o no– apoyarse en las conjunciones, en cuyo interior se deslinda, como se ha dicho ya, cuanto integra lo pensado o percibido, pero que se extiende por la página, acelerando o refrenando el discurso. La enumeración puede llevar cabalgando al lector, o puede lanzarlo al aire, o puede empujarlo a un lado u otro, como en esos juegos de corros en el que uno, en el centro, es zarandeado por los demás. Pero el lector se aferra a una ruptura que no solo vivifica su experiencia poética, sino que enriquece también lo que ha dejado atrás y lo que se encontrará más adelante: el contrapunto de la enumeración, singularmente poderoso si es caótica, subraya la cadencia conocida de la subordinación y el desarrollo cabal de los acontecimientos. Aunque la enumeración también puede, según cómo, dónde y cuándo la disponga el autor, ralentizar el avance del lector. Pero esa repentina lentitud no perjudica al texto. Al contrario, lo ahonda: el lector queda atrapado en un remolino de realidades que buscan un centro, un final, una raíz, y todo cobra mayor densidad, mayor significado, porque todo se vuelve hacia sí mismo, todo se adentra en su propio ser, para alcanzar el ser total. La enumeración que acelera introduce un ritmo horizontal; la que refrena, uno vertical. En este caso, el lector se encarama a ese muro con la propia parsimonia que le comunica el obstáculo: con su quietud giratoria y esencial.

Como herramienta rítmica, la enumeración cumple otra función no menos importante: nos facilita el goce de la palabra por el mero placer de la palabra, de su constitución sonora, de su eufonía. La omisión de los nexos, de la puntuación, de la trabazón sintáctica, de todo cuanto subsume el mensaje en una entidad superior, el discurso, y la reducción del texto a una sucesión de golpes, los que dan las palabras –los que *son* las palabras–, enfrentan al oído a la naturaleza medular del lenguaje: al son y la cadencia, al color y el volumen, a la aspereza y el placer. En las mejores enumeraciones, al final no nos importa lo que el autor nos está revelando, sino solo lo que estamos oyendo. En una buena enumeración, nos basta la música de las sílabas, y a su empuje nos abandonamos.

La enumeración, en fin, no es una forma de eludir la elaboración literaria –ni la reconstrucción de la realidad que incumbe a la literatura–, sino otra manera de hacerlo. Al igual que describir –que es mucho más difícil que opinar, decía Pla– es un modo de analizar, enumerar supone también levantar un edificio complejo, aunque sin tramoyas ni contrafuertes: con los elementos mínimos del lenguaje, con sus más despojados huesos. La elección de los elementos que integran la enumeración supone un juicio, y la del orden en que se disponen, otro; ambos unidos por la voluntad de discernir el mundo. Las paradojas que contenga, las metáforas que la acrezcan, los incontables matices que incorpore la enumeración, son abreviaturas: formas de la elipsis, que permiten que lo que exigiría innumerables oraciones se exprese con un fogonazo, y luego con otro, y otro, hasta dibujar un gran resplandor global, una iluminación que sustituye lo fatigoso o lo dilatado por lo enteco y lo certero.

La enumeración puede sustentar, ella sola, un poema entero. Me ha interesado siempre la capacidad de las figuras retóricas por erigirse en protagonistas únicos de los textos. La enumeración, liberada de su función ancilar, deviene una salmodia plena, que obliga al lector a participar en el poema: ha de crear un contexto y ha de *configurar una historia* con los elementos de la relación; debe dejarse llevar por el fluir de la letanía, si quiere gozar de ella, pero, a la vez, ha de encontrar su denominador común –una operación intelectual– y elevarlo a la categoría de casa, o de mundo, o de concepto. La sola enumeración no tiene lindes, solo esporas. Y es tarea del lector alumbrar con ellas un cuerpo.

Este libro recoge los poemas solo compuestos por enumeraciones que he colgado en mi blog *Corónicas de Españia* (eduardomoga1.blogspot.com), que mantengo desde 2018, y cuya fecha de aparición se indica antes del título de cada uno, y algunos otros que he incluido en diversos libros míos, publicados en los tres últimos años, o que permanecen inéditos. En estos casos, al pie del poema se indica el libro al que pertenece. Agradezco a Olifante, y a su editora Trinidad Ruiz Marcellán, que me haya dado la posibilidad de publicarlos juntos por primera vez. Lo que no ha sido, durante mucho tiempo, sino una técnica compositiva que yo sumaba a mis libros, se ha convertido en un volumen con un sentido propio. No otra es la tarea de un editor: saber dónde están los libros, o qué puede ser un libro.

Eduardo Moga

Sant Cugat del Vallès, 30 de octubre de 2023

# Poemas enumerativos

Martes, 14 de noviembre de 2023

## LA MONODIA DEL YO

No escucho la radio. No sé esquiar. No sé cocinar. No me gustan los programas de cocina de la televisión. No fumo. No escribo cuando soy feliz. No soy feliz. No quiero dormir solo. No plancho. No he publicado en la colección «Nuevos textos sagrados» porque su director, cuando le ofrecí un libro, ni siquiera sabía quién era yo. No estoy contento con mi cuerpo. No veo partidos de fútbol. No creo en Dios. No quiero morirme. Nunca me acuerdo de dónde he dejado las gafas. No soy joven. No he plantado un árbol. No dejo de querer a quienes he querido. No sé hacer nudos marineros. Nunca he ido de putas. No descarto ningún licor: todos me gustan, hasta el sake. No dejo en la estacada a los amigos. No seré abuelo. No dejo de desear cosas que sé que no conseguiré. No busco el peligro. No rehúyo el peligro. Nunca me he tatuado nada. No tomo horchata sin azúcar, cerveza sin alcohol, leche sin lactosa. No canto bien, ni muchísimo menos. No me depilo. No creo que todas las opiniones sean respetables, ni que todas las guerras sean ilegítimas. No me gusta el rap, ni el reguetón, ni el *heavy metal*. No ensalzo mis virtudes ni reniego de mis defectos. No llevo joyas. Nunca he pasado una tarde de sábado en un centro comercial. No sé nadar estilo mariposa. No eludo la contradicción. Nunca me abstengo en unas elecciones. No soy partidario de la crueldad, ni de la estupidez, ni de la injusticia. No participo en las redes sociales. No sé hablar japonés. No me gusta que las sábanas no estén bien metidas debajo del colchón cuando me acuesto, pero no me importa que el embozo sea escaso. No soporto el ruido. No celebro el día de mi santo. No recuerdo cómo se llaman los vecinos del primero primera. Ya no sé dónde meter los libros en casa. No dejo de ver la cara de mi madre y de mi padre. No tengo jardín. No sé qué habrá sido de Marta, ni de Karina, ni de Montse. No me gusta la soledad, pero no puedo evitar estar solo. No digo la verdad cuando pueda herir a alguien. No sé qué es la verdad. No soy tan inteligente como me gustaría. No se me da mal hablar en público. No soy capaz de escribir novelas. Nunca hago la cama al levantarme. No tengo mentalidad de empresario: ni con una pistola apuntándome al pecho habría podido dedicarme a los negocios. No respondo al teléfono cuando suena a la hora de la siesta. No me dedico a la caza. No practico *squash*. No sé cómo se llaman las plantas ni los árboles que veo en los parques. No quiero volver a Londres para que no me aplaste la melancolía. No aguanto a los conspiranoicos, ni a los testigos de Jehová, ni a los fascistas. No dejo de pensar en qué escribir en este blog. No cojo los ascensores, salvo que vuelva a casa cargado con la compra. No creo en las patrias. No entiendo de mecánica ni de metafísica. No sé cambiar una rueda. No sé arreglar un enchufe. No me gusta la Navidad. No veo películas de superhéroes. No he alcanzado la ataraxia por la que abogaban los griegos, ni el nirvana de los budistas, ni la paz interior que persiguen los cristianos. No he olvidado a mis abuelos, a quienes no conocí. No sé hacer tablas de Excel. No pasaré a la posteridad. No creo que la ley no deba ser igual para todos, pero tampoco que nadie sea mejor que nadie. No participo en las reuniones de la comunidad de vecinos. No cultivo orquídeas ni bonsáis. No tengo perro. No se me escapa que dos noes son un sí. No me gustan los gatos. No tengo un seguro privado de salud, ni de decesos. No he leído *Patria*, ni nada de Vargas Llosa desde *La guerra del fin del mundo*, ni a Almudena Grandes. Nunca he estado en Uzbekistán. No conozco Venecia. No me gusta conducir. No me gusta decir «no». No quiero que nadie tenga que cambiarme los pañales cuando sea viejo. No leo la mayoría de los libros que compro o que me regalan. No estoy seguro de casi nada. No entiendo cómo se puede votar a Isabel Díaz Ayuso. Tampoco entiendo a Derrida. No tengo prisa. A veces, no recuerdo cómo me llamo. No me agradan las librerías de viejo –su olor anciano, la oscuridad, el polvo, la cara sombría del librovejero–, pero no puedo dejar de visitarlas. No indultaría a Raphael si fueran a fusilarlo al amanecer. No me he liberado todavía de la terrible obligación de trabajar para vivir. No me gustan los bailes regionales. No perdono con facilidad, pero no me cuesta pedir perdón si creo que me he equivocado. Tampoco me sustraigo fácilmente a la tentación. No soy humilde. No aguanto la respiración demasiado tiempo. No me gusta Gil de Biedma, ni suelen gustarme aquellos a los que gusta. No soporto esos coches que pasan con las ventanillas bajadas y una música horrenda a todo volumen. No creo que se hayan inventado cosas mejores que la anestesia, el aire acondicionado y el orgasmo. No dudo en admirar a quienes merecen admiración. No recuerdo cómo se hace una sextina. Nunca he hecho el amor en una playa, ni en un ascensor, ni en el aseo de un avión. No envidio a casi nadie. No me desconozco cuando leo lo que escribí a los quince años. No hay nada más desagradable que el sonido de una taladradora delante de casa o una fiesta de dominicanos en el piso de arriba. No creo en la vida después de la muerte. No acepto esperar para que me den mesa en un restaurante. No me imagino nada más horroroso que trabajar en un banco, una compañía de seguros o un registro de la propiedad. No puedo mover las orejas. No soy hijo de una familia catalana de toda la vida, sino de inmigrantes pobres. No me gusta corregir pruebas. No sé regatear, ni con precios ni con pelotas. No sé reaccionar a las agresiones gratuitas de la gente. Nunca me aburro. No tengo cojones para muchas cosas. No comprendo la falta de educación. No creo que las mujeres sean mejores que los hombres, ni que se haya de plantear en estos términos el debate sobre la igualdad de los sexos. No me gusta el papel reciclado, pero no queda más remedio que utilizarlo. No me gusta el teatro No. No me pongo potingues en el cuerpo. No me mareo cuando leo en un coche, ni cuando me siento en un tren en sentido contrario a la dirección de la marcha. No me gustan los caracoles, pero no desdeño las ostras. No sé pilotar un barco. No me gustan los libros con erratas. No desespero, pese a todo. No canto en la ducha. No puedo dormir en los aviones. Nunca me ha tocado la lotería. No permito que pase un día sin leer algo. No me asaltan ideas, sino imágenes. No puedo escribir en los bares, ni donde haya bullicio. No me he desprendido de una sola carta que haya recibido en mi vida. No sé hacer álbumes de fotos en el teléfono móvil. No suelo dar limosna a los mendigos. No leo un artículo del Código Civil cada día, como hacía Stendhal, para mejorar mi lenguaje. No les pido perejil a mis vecinos. No tengo perejil en casa. No he ganado el Premio Nacional de Poesía. No soy capaz de ver la cara de José María Aznar, y menos aún de oírlo hablar, sin sentir una náusea vertiginosa. No me emborracho. Todavía no pido a los jóvenes que ocupan un asiento reservado para las personas mayores en el tren o el autobús que me lo cedan. Nunca he volado en ala delta ni en parapente, ni me he tirado en paracaídas. No he jugado a más videojuego que aquel de mi adolescencia en que una nave triangular tenía que desintegrar, a base de rayos, a los meteoritos que no dejaban de lanzarse contra él. No sé tocar ningún instrumento musical. Nunca he militado en ningún partido político, ni soy miembro de ninguna asociación, ni frecuento club alguno. No sé por qué, a veces, me duelen las sienes. Nunca sé si regar poco o mucho las plantas. No me gusta molestar. No sé quién soy. No puedo desprenderme de quien soy. No concibo que alguien pueda encontrar estímulo o sagacidad en las flatulencias de Paulo Coelho, o en los libros de autoayuda, o en las reuniones de la parroquia. No estoy inclinado a la acción, sino a la pereza y la contemplación. No puedo pasar más de dos horas en la playa. Antes no me gustaba que no reparasen en mí; ahora no me gusta que lo hagan. No sé barajar las cartas como un profesional. No he renunciado a poseer algún día a Monica Bellucci, aunque no lo considere probable. No tomo azúcar refinado. No compro cosas que no necesito. No aúllo «¡gol!» cuando marca el Barça, ni me cago en los muertos de Florentino cuando lo hace el Madrid. No estoy a favor de la independencia de Cataluña, pero tampoco de que la unidad de la patria –de ninguna patria– sea un valor sagrado e indisoluble. Ya no leo poesía con el mismo entusiasmo. No hago cruceros, ni viajes organizados. No espero vivir mucho más. No sé cómo acabar esta entrada. No.

[*Corónicas de Españia*]

Domingo, 3 de septiembre, y viernes, 8 de septiembre

## SER ESCRITOR NO ES FÁCIL NI ROMÁNTICO

Spinoza pulía lentes en un tabuco inmundo. Pessoa traducía cartas comerciales para empresas navieras. Manuel Vázquez Montalbán cobraba los recibos de los seguros de decesos (*los muertos*) puerta a puerta. Hemingway se pegó un escopetazo en la boca apretando el gatillo con el dedo gordo del pie. Manuel Altolaguirre, Luis Martín Santos, W. G. Sebald, José Carlos Becerra y Albert Camus se mataron en accidentes de coche (un día antes del suyo, Camus había dicho que «no conocía forma más idiota de morir que un accidente de coche»). Alejandra Pizarnik se suicidó con Seconal tras escribir en el pizarrón de su cuarto: «No quiero ir / nada más / que hasta el fondo». Delmira Agustini fue asesinada, de dos tiros en la cabeza, por su marido, del que había decidido separarse. Jorge Cuesta se intentó castrar en el manicomio en el que estaba ingresado. Federico García Lorca fue asesinado por un grupo de falangistas, que remataron la acción metiéndole dos balas en el culo «por maricón». Paul Celan –toda cuya familia había muerto en un campo de concentración nazi– se arrojó al Sena. Sylvia Plath metió la cabeza en el horno, después de dejar dos vasos de leche y unas rebanadas de pan con mantequilla para cuando se despertaran sus hijos. Osip Mandelstam fue desterrado a los Urales por un epigrama contra Stalin y murió en el campo de trabajo de Vladivostok. También a Ovidio lo desterraron, en el mar Negro, por criticar al emperador Augusto. A Miguel Hernández lo dejaron morir de tuberculosis, a los treinta y un años, en una cárcel franquista. Virginia Woolf se llenó de piedras los bolsillos del abrigo y se adentró en el río Ouse. A Boris Pasternak las autoridades soviéticas lo obligaron a renunciar al premio Nobel que se le había concedido en 1958. A Abelardo lo castraron unos sicarios del tío de su amada Eloísa. Oscar Wilde pasó dos años en la cárcel, condenado por mantener una relación homosexual con el hijo de un marqués, y murió en la miseria en París. A Walt Whitman lo despidieron varias veces de su trabajo y fue denunciado, a causa de la obscena poesía de *Hojas de hierba*, por la Sociedad de Nueva Inglaterra para la Supresión del Vicio. Leopoldo María Panero, Martín Adán y Pablo Palacio peregrinaron de manicomio en manicomio hasta el final de sus días. Baudelaire, que era alcohólico, fumaba hachís y padecía sífilis, fue condenado y multado por publicar *Las flores del mal*. Miguel de Cervantes, a quien le había quedado un brazo inútil en la batalla de Lepanto y había sido esclavo cinco años en Argel, fue comisario de abastos y recaudador de impuestos, y estuvo preso por no recaudar los suficientes. San Juan de la Cruz, fray Luis de León y Miguel de Molinos fueron perseguidos por la Inquisición (Molinos pasó los últimos siete años de su vida en una mazmorra romana y murió en ella). Gérard de Nerval se colgó de la verja de una cloaca en París. José Asunción Silva perdió los manuscritos de dos poemarios inéditos en el naufragio del buque en el que volvía a Colombia y acabó suicidándose de un pistoletazo en el corazón. Ambrose Bierce se unió al ejército de Pancho Villa y desapareció en Chihuahua, México, sin que se haya vuelto a saber de él ni encontrado nunca su cuerpo. Pushkin y Lérmontov murieron en sendos duelos. Rimbaud volvió para morir de cáncer en Francia, a los treinta y siete años, después de un viaje infernal desde Etiopía, donde se dedicaba al tráfico de armas (y algunos añaden que de esclavos), y de que, ya en Marsella, le amputaran una pierna. Edgar Allan Poe, Herman Melville, Emilio Salgari, O. Henry y Benito Pérez Galdós murieron en la miseria. Sergio Gaspar echó al fuego media docena de poemarios inéditos en su juventud. Salman Rushdie publicó *Los versos satánicos* y el ayatolá Jomeini lo condenó a muerte por ello; cuarenta años después, Rushdie fue apuñalado por un islamista que quería ejecutar la orden del clérigo, y que lo dejó ciego de un ojo y sin movimiento en una mano. Naguib Mahfuz también fue apuñalado por un integrista islámico. A José María Hinojosa lo asesinaron milicianos comunistas y a Pedro Muñoz Seca le dieron matarile en Paracuellos del Jarama. A Cicerón le cortaron la cabeza y las manos. A Pier Paolo Pasolini le pasaron varias veces por encima con su propio coche. Frank O'Hara murió también atropellado, en una playa. Arnold Bennett bebió de las fuentes de París para demostrar que el agua no estaba contaminada de tifus, como se creía en la ciudad, y murió de tifus. George Orwell fregó platos y durmió en albergues sociales en París. Larra se mató de un tiro en la sien, delante de un espejo, con veintisiete años, porque su amada, Dolores Armijo, lo había abandonado. También delante de un espejo se degolló César Dávila Andrade. Franz Kafka trabajó en casas de seguros y murió de tuberculosis de laringe a los cuarenta años. Charles Bukowski, alcohólico, desempeñó oficios infames buena parte de su vida (y le dio una patada en el estómago a su mujer, Linda Lee). Rupert Brooke murió por la picadura de un insecto, a los veintisiete años, cuando lo trasladaban a Galípoli, durante la Primera Guerra Mundial. Raymond Chandler recogió albaricoques y encordó raquetas. Jacques Prévert fue mozo de almacén. Eunice Odio murió pobre y sola en su casa, y su cadáver no se encontró hasta diez días después del fallecimiento. Luis Feria, obeso y asmático, también murió solo en su domicilio, pero a él tardaron dos semanas en descubrirlo. Philip Larkin era erotómano, y Henry Miller, sexópata. A Karl Kraus un damnificado por sus feroces sátiras le partió la cara. Balzac murió por los litros de café que bebía todos los días para mantenerse despierto y escribir. A William Hope Hodgson lo hizo picadillo un obús en la batalla de Ypres. Mishima practicó el *seppuku* (y, al enterarse, su amigo Yasunari Kabawata se quitó la vida inhalando gas). Horacio Quiroga –su padre se mató de un disparo fortuito con una escopeta de caza delante de su familia; su padrastro y su primera mujer se suicidaron (aquel, delante de Quiroga); dos de sus hermanos murieron de fiebre tifoidea; él mismo mató a su mejor amigo, que iba a batirse en duelo, de un disparo accidental cuando le limpiaba y revisaba el arma; su tercera mujer lo abandonó en la selva; y él desarrolló cáncer de estómago– se bebió un vaso de cianuro (tras su muerte, dos de sus hijos se suicidarían también). Séneca tomó cicuta. Vachel Lindsay, una botella de desinfectante. Leopoldo Lugones, arsénico mezclado con *whisky*. Anne Sexton se intoxicó con monóxido de carbono. Louis Verneuil se cortó el cuello en la bañera. David Foster Wallace se ahorcó. Alfonsina Storni se tiró al mar desde una escollera. Pedro Casariego Córdoba, Inés Palou, Attila József y Tamiki Hara, a las vías del tren. José Agustín Goytisolo, Unica Zürn, Ana Cristina Cesar y Willy McKey, por la ventana. A Juan Rulfo le aplicaron electrochoques para que superase su alcoholismo (sin conseguirlo). También a Antonin Artaud, que pasó casi una década en manicomios. Dylan Thomas murió a los treinta y nueve años, jactándose de que había llegado a tomarse dieciocho *whiskies* seguidos. Jack

Kerouac, a los cuarenta y siete por una hemorragia interna, provocada por la cirrosis que padecía a causa del alcohol que llevaba ingiriendo desde la adolescencia. Robert Louis Stevenson era cocainómano. Thomas de Quincey y Elizabeth Barrett Browning, opiómanos. Bob Dylan, heroinómano. Sartre y Philip K. Dick, adictos a las anfetaminas. Tennessee Williams se ahogó con el tapón de un envase de gotas para los ojos; lo encontraron muerto rodeado de papeles, paquetes de tabaco y frascos de barbitúricos, y con dos botellas de vino abiertas en la mesa. Jane Austen falleció por el arsénico que le daban para tratar su reumatismo. Emily Brontë padecía el síndrome de Asperger. El doctor Johnson, André Malraux y Quim Monzó, el síndrome de Tourette. Homero, Abū al-ʿAlāʾ al-Maʿarrī, Milton, Borges y Joyce se quedaron ciegos. Guy de Maupassant, Alfred de Musset y Alphonse Daudet eran sifilíticos. A Valle-Inclán le estropeó el brazo de un bastonazo un contertulio que había sufrido sus corrosivas burlas. Dante Gabriel Rossetti enterró casi todos sus poemas inéditos en la tumba de su esposa, que se había suicidado al dar a luz a un niño muerto, pero luego se arrepintió y tuvo que desenterrar el cadáver para recuperarlos. A Octavio Paz se le quemó buena parte de la biblioteca en un incendio en su casa de la Ciudad de México. Henri Roorda publicó *Mi suicidio* en 1925 y se suicidó en 1925. Emil Cioran, Mircea Eliade y Eugen Ionescu compartieron las ideas de la Guardia de Hierro rumana y simpatizaron con el Tercer Reich y el fascismo italiano hasta el fin de la Segunda Guerra Mundial. Thomas Carlyle hubo de reescribir su monumental *Historia de la Revolución Francesa*, después de que una criada echara al fuego el manuscrito, pensando que eran desechos para alimentar la chimenea. Mijaíl Bulgákov también tuvo que reescribir su novela *El maestro y Margarita*, cuya primera versión había quemado al enterarse de que otra obra suya había sido proscrita por las autoridades soviéticas. Los amigos de Lord Byron, preocupados por su reputación, destruyeron a su muerte el único manuscrito de sus *Memorias*. Lee Stringer, que había sido un profesional de éxito, adicto al *crack*, vivió doce años en las calles de Nueva York. John Kennedy Toole se suicidó después de que numerosas editoriales rechazaran la publicación de su novela *La conjura de los necios*. Salvador Benesdra se tiró por la ventana de un décimo piso después de que todas las editoriales a las que se la había mandado se negaran a publicar la suya, *El traductor*. Francis Bacon murió de una neumonía que había contraído al salir a enterrar un pollo en la nieve para comprobar si el frío conservaba los alimentos. Isaak Babel fue sometido a setenta y dos horas seguidas de interrogatorio en la Lubianka y, después, fusilado. Hart Crane se arrojó al mar después de que la tripulación del barco en el que viajaba le diera una paliza por haber abordado a un marinero con intenciones deshonestas. Louis Althusser estranguló a su mujer. William Burroughs mató a la suya de un disparo en una fiesta, imitando (bastante mal) a Guillermo Tell. Thomas Griffiths Wainewright envenenó a su cuñada (y se sospecha que también a su tío, a su suegra y a un amigo). Joan Salvat-Papasseit fue estibador del muelle de Barcelona y murió tísico a los treinta años. Roque Dalton fue asesinado por sus propios compañeros revolucionarios. Jean Genet alardeaba de ser vagabundo, ladrón y chapero. Alfonso Vidal y Planas asesinó a Luis Antón del Olmet. Kenneth Halliwell, a Joe Orton, de nueve martillazos en la cabeza (para luego suicidarse). Félix Romeo estuvo preso por negarse a hacer el servicio militar. Álvaro Mutis, por malversación. Chester

Himes, por atracar a dos ancianos a mano armada. David González, por atracar un banco (en otra ocasión, agredió a dos policías con un paraguas). Wilfred Owen murió en combate, con veinticinco años, una semana antes de que se declarara el armisticio en la Primera Guerra Mundial. Pierre Drieu de la Rochelle, Maurice Sachs y Robert Brasillach colaboraron con los nazis. Ezra Pound lo hizo con el régimen de Mussolini y luego pasó varios meses en una jaula, en el patio de un campo de prisioneros estadounidense, hasta que fue juzgado, declarado loco y recluido doce años en un hospital mental. Louis-Ferdinand Céline escribió panfletos antisemitas. Primo Levi fue enviado a Auschwitz y se tiró por el hueco del ascensor treinta y dos años después, incapaz de soportar la culpa de haber sobrevivido. Vsévolod Garshin prefirió el hueco de la escalera para matarse a los treinta y tres años. Mary Shelley perdió a su marido, Percy B. Shelley, ahogado, y a tres de sus cuatro hijos, sufrió múltiples enfermedades y murió de un tumor cerebral a los cincuenta y tres años. Tolstói, Hermann Hesse, Mark Twain, Lovecraft, Kierkegaard, Foucault, José María Arguedas y William Styron eran depresivos. Alfonso Cortés, esquizofrénico. Dostoievski, Dickens y Machado de Assis, epilépticos. El marqués de Sade pasó más tiempo en la cárcel que fuera, por sus numerosos escándalos, y murió en el asilo de Clarendon, arruinado física y mentalmente. Marina Tsvietáieva pasó catorce años en el exilio y se suicidó después de que fusilaran a su marido y detuvieran a su hija y su hermana. Ana Ajmátova también vivió el fusilamiento de su primer marido y la deportación de su hijo a Siberia en dos ocasiones, vio cómo se incluían todos sus libros en el índice de libros prohibidos, y fue acusada de traición y deportada. Gabriel Ferrater había dicho que nunca olería a viejo y cumplió su palabra, a los cuarenta y nueve años, ingiriendo pastillas y envolviéndose la cabeza con una bolsa de El Corte Inglés. Imre Kertész, Jean Améry y Tadeusz Borowski fueron deportados a Auschwitz; Kertész y Améry, también a Buchenwald; Améry, finalmente a Bergen Belsen. Neruda abandonó a una hija aquejada de hidrocefalia, a la que llamaba «el monstruo de tres kilos», y contó en sus memorias que había violado a una criada ceilanesa. María Luisa Bombal estuvo a punto de matar a tiros a un antiguo amante (y sufrió cárcel por ello). César González-Ruano estafaba a los judíos que querían huir del París ocupado por los nazis y traficaba con sus bienes. Thierry Metz trabajó en cadenas de montaje, mataderos y obras, tuvo un hijo que murió atropellado a los ochos años, cayó en el alcoholismo, visitó clínicas psiquiátricas y se suicidó a los cuarenta y un años. Dino Campana murió de la sepsis que le produjo una herida con el alambre de púas que rodeaba el hospital mental donde estaba recluido y del que había intentado fugarse. Roberto Bolaño fue vigilante nocturno de un *camping* barcelonés. Charlote, Emily y Anne Brontë, Caterina Albert, Cecilia Böhl de Faber, Amantine Dupin, Mary Anne Evans y Karen von Blixen-Finecke adoptaron seudónimos masculinos para publicar sus obras. Jane Austen lo hizo de forma anónima, y Colette, con el nombre de su marido. Heidegger fue miembro del partido nazi desde 1933 hasta 1945 y rector de la Universidad de Heidelberg bajo el nazismo. Cesare Pavese se suicidó ingiriendo el contenido de dieciséis frascos de somníferos, a los cuarenta y dos años, tras recibir un premio literario por su novela *El bello verano*. Quevedo, cojo y miope, era putero, borracho (Góngora lo llamó Francisco de *Quebebo*), misógino, racista, antisemita, pendenciero e insultador. Joseph Ponthus trabajó en mataderos y plantas de procesamiento de marisco y pescado. Adriano del Valle saqueó la biblioteca de la revista y editorial Cruz y Raya cuando su director, José Bergamín, partió al exilio, y Félix Ros hizo lo propio con la de Juan Ramón Jiménez cuando este y su mujer, Zenobia, abandonaron España. A Gregorio Martínez Sierra le escribió todas sus obras –más de un centenar– su esposa, María de la O Lejárraga. Pedro Luis de Gálvez iba por las tabernas de Madrid sableando a los amigos con el cadáver de su hijo en una caja de zapatos. Durante la Guerra Civil, Camilo José Cela se ofreció por carta como delator al comisario general de Investigación y Vigilancia. Jorge Folch murió ahogado en un conducto subterráneo de Barcelona en el que le gustaba sumergirse. Antonio Machado, huyendo de Franco, cruzó a pie la frontera con Francia, con su madre octogenaria y enferma, y murió en Colliure dos días antes de recibir una carta de la Universidad de Cambridge en la que se le ofrecía un puesto de profesor. Reinaldo Arenas fue internado en campos de trabajo en Cuba por ser homosexual, se sumó al Éxodo del Mariel haciéndose pasar por Reinaldo *Arinas*, contrajo el SIDA y se quitó la vida en Nueva York con un cóctel de pastillas y *whisky*. André Malraux llamaba a su odiada hija Florence «el objeto». Jack London fue vagabundo, estuvo preso, trabajó en un molino de yute, hizo jornadas de doce a dieciocho horas en una fábrica de conservas, robó ostras, cazó focas, traficó con opio, porteó carga en la fiebre del oro de Alaska, padeció escorbuto y acabó suicidándose. Osamu Dazai intentó matarse cuatro veces, hasta que a la quinta lo consiguió. Florbela Espanca, dos, y a la tercera fue la vencida. Inge Müller tuvo éxito a la cuarta. Lucia Berlin, con cuatro hijos a su cargo, fruto de tres matrimonios diferentes, fue recepcionista en un consultorio de ginecología, ayudante de enfermería en la sala de urgencias de un hospital y limpiadora. Max Jacob murió en el campo de concentración nazi de Drancy; Irène Némirovsky, en Auschwitz; Benigno Bejarano, en Neuengamme. Verlaine le pegó un tiro a su amante Rimbaud en una mano y pasó dos años en la cárcel. César Vallejo fue encarcelado en Perú por orden de un juez venal que defendía los intereses de las compañías agrícolas y mineras contra cuyas injustas condiciones de trabajo protestaban Vallejo y otros jóvenes socialistas. John Cornford, Ralph Fox, Christopher Caudwell, Charles Donnelly y Julian Bell murieron luchando por la República en la Guerra Civil Española. Antonieta Rivas Mercado –abandonada por su madre a los trece años y a quien su marido le había quemado la biblioteca porque juzgaba que una señora no debía leer (ni mucho menos escribir), sino ocuparse de las tareas de casa– se sentó en un banco de la catedral de Notre Dame y se disparó en el corazón. A Saint-John Perse las autoridades de Vichy lo privaron de la nacionalidad francesa, y la Gestapo allanó su domicilio en París y destruyó cinco poemarios manuscritos inéditos. Roberto Saviano vive desde 2006 amenazado por la mafia, lo protegen las veinticuatro horas cuatro guardaespaldas y ha de cambiar constantemente de domicilio. Unamuno fue desterrado a Fuerteventura por el general Miguel Primo de Rivera. Blaise Cendrars se alistó en la Legión Extranjera francesa y perdió el brazo derecho, con el que escribía y tocaba el piano, en la Primera Guerra Mundial. Walter Benjamin se suicidó en Portbou cuando, huyendo de los nazis, la policía española no le permitió cruzar la frontera. María Zambrano hubo de abandonar Roma por la denuncia de un vecino, que se quejaba de las molestias que causaban los doce gatos que tenía en casa. Ángel Ganivet se tiró desde un barco al río

Duina, pero fue rescatado por los tripulantes de otro barco; en un descuido de estos, volvió a arrojarse al mar, esta vez con éxito. Richard Gwyn fue albañil, ayudante en una tienda de muebles (donde perdió los dedos de la mano izquierda) y repartidor de leche, y vagó muchos años por Europa, viviendo en la calle, dado al alcohol y las drogas. A Ubaldo Olivero, que había estado en la cárcel en Cuba por robar en una casa, le dio una paliza y le destrozó una pierna un grupo de cubanos castristas con los que se peleó en Barcelona, y se quedó cojo. Miguel Servet fue quemado en la hoguera por los seguidores de Calvino. Giordano Bruno y Diego de Enzinas fueron achicharrados en Roma por el Santo Oficio. Saint-Exupéry cayó al mar en un vuelo de reconocimiento en la Segunda Guerra Mundial. Antonio Gamoneda, huérfano de padre, empezó a trabajar con catorce años como meritorio y recadero en un banco de León. Dalton Trumbo pasó once meses en la cárcel y tuvo que exiliarse en México porque no se le permitía trabajar en Hollywood por sus ideas supuestamente comunistas. Salvador Dalí le mandó a su padre, notario, una carta con una mancha de semen y la siguiente frase: «Te devuelvo todo lo que te debo». Pietro Aretino y Julián del Casal murieron de sendos chistes: el ataque de risa que sufrió el primero le produjo una apoplejía, y el que le dio al segundo, un aneurisma. Christopher Marlowe murió en una reyerta de taberna (le clavaron un cuchillo en el ojo, que le alcanzó el cerebro). Sherwood Anderson, por una peritonitis causada por un palillo de dientes (de un martini) que se había tragado. Julien Offray de la Mettrie, por un atracón de paté de trufas. Esquilo, descalabrado por un caparazón de tortuga que un águila (o un halcón) dejó caer sobre su cabeza. Li Po, ahogado en el Yangtzé cuando, borracho, intentaba abrazar el reflejo de la luna. Rosario Castellanos y Thomas Merton, electrocutados: ella, por una lámpara al salir del baño; él, por un ventilador al salir de la ducha. Stieg Larsson, por un infarto causado por subir corriendo los seis pisos de un edificio en el que el ascensor no funcionaba. A Hipatia hordas cristianas la desnudaron, la golpearon con tejas hasta descuartizarla y pasearon sus restos por el pueblo. A Gustav Kobbé le cayó encima un hidroavión. Emily Dickinson pasó los últimos quince años de su vida recluida, por voluntad propia, en casa de su padre. Luis Criscuolo, cirrótico, decidió matarse bebiendo coñacs: lo consiguió al decimoséptimo. François Villon, ladrón y asesino, fue torturado y condenado a la horca, pero se le conmutó la pena de muerte por la de destierro y no volvió a saberse de él. Raymond Radiguet y Arturo Borja Pérez murieron a los veinte años; Thomas Chatterton, a los diecisiete; Félix Francisco Casanova, a los diecinueve; John Keats y Karoline von Günderrode, a los veintiséis; Alain Fournier y Dolores Veintimilla, a los veintisiete; Anna Frank, a los quince; el conde de Lautréamont y Manuel Acuña, a los veinticuatro; Andrés Caicedo, a los veinticinco; Bernardo Couto Castillo, a los veintidós. Knut Hamsun le regaló su medalla del premio Nobel a Joseph Goebbels y fue recibido por Hitler. Leopoldo Panero pegaba a su mujer y a sus hijos. Anne Perry mató, con quince años, a la madre de su mejor amiga golpeándole cuarenta y cinco veces la cabeza con un ladrillo envuelto en una media. Josep Pla fue espía de Franco. Christa Wolf colaboró con la Stasi. Alfredo Bryce Echenique fue condenado por plagiar dieciséis artículos periodísticos y Arturo Pérez-Reverte, por hacer lo propio con el guion de la película *Gitano*, de Antonio González-Vigil. A Lucía Etxebarria la denunciaron por presentar versos de Antonio Colinas como propios en uno de sus libros. Gerard Manley Hopkins destruyó una buena parte de su obra, escandalizado con ella, tras una conversión religiosa. Tom Kramer pasó cinco años, durante la Gran Depresión, deambulando por albergues, vías de ferrocarril, descampados y pensiones de mala muerte. Víctor Hugo Viscarra, treinta sobreviviendo a la miseria, el alcohol y las palizas de la policía en las calles de La Paz. Néstor Sánchez, esquizofrénico, catorce errando por el mundo, tras abandonar a su hijo de nueve años, hasta acabar en las calles de Nueva York. A Garcilaso de la Vega lo descalabraron de una pedrada en el asalto a la fortaleza de Le Muy, Francisco de Aldana pereció asaeteado en la batalla de Alcazarquivir y a José Cadalso le reventó la cabeza la metralla de un obús en el asedio a Gibraltar. Miguel Delibes daba clases en la escuela de peritos mercantiles. Harold Norse fue violado por dos marineros británicos en Central Park. Ingrid Jonker se suicidó arrojándose al mar; cuando se lo dijeron a su padre, que había sido ministro de la Censura en el Gobierno sudafricano, respondió: «Por lo que a mí respecta, pueden volver a tirarla al mar». Jesús Galíndez fue raptado en Nueva York y asesinado en la República Dominicana por orden del dictador Rafael Leónidas Trujillo. Santa Teresa de Jesús, Molière, Thoreau, Bécquer, Katherine Mansfield, Novalis, Chéjov, Tristan Corbière, Aloysius Bertrand, Jules Laforgue, Porfirio Barba Jacob, Panait Istrati y Màrius Torres murieron de tuberculosis. Dan Anderson falleció por inhalar el cianuro de hidrógeno con el que habían fumigado el hotel en el que se alojaba. Valérie Valère sufrió anorexia. Sándor Marái se suicidó después de que sus tres hermanos, su mujer y su hijo murieran en el lapso de un año y medio. La Guardia Roja de Mao apaleó hasta la muerte a Lao She, que había sido acusado de «derechismo».

Un gato se comió el corazón del cadáver de Thomas Hardy. El frasco que contenía el cerebro de Walt Whitman se le cayó al médico que lo estaba manejando y los sesos del poeta se espachurraron contra el suelo. Gógol arrojó al fuego la segunda parte de *Almas muertas* antes de dejar de comer y morir de inanición. Juan Ramón Jiménez compraba (y robaba) todos los ejemplares que podía encontrar de sus dos primeros libros, *Ninfeas* y *Almas de violeta*, de los que se sentía avergonzado. Robert Musil falleció antes de acabar *Historia de las ideas*, en la que había trabajado veinte años. También Virgilio murió antes de terminar la *Eneida* (y le pidió al emperador Augusto que destruyera lo que había escrito; el césar no lo hizo). Ernst Weiss se cortó las venas al ver a las tropas nazis entrar en París desde la ventana de su hotel. Marcel Proust se batió en duelo con Jean Lorrain, que había dicho que su libro *Los placeres y los días* era pestilente y que Proust era homosexual. Dragos Protopopescu se hizo decapitar por un ascensor. Vicente Huidobro viajó a París en barco con su familia y la vaca Jacinta para disponer en Francia de leche fresca y de confianza; a su vuelta a Chile, embarcó trescientos ruiseñores con los que quería alegrar los cielos de Sudamérica, ninguno de los cuales sobrevivió a la travesía. María Kodama, la viuda de Borges, obligó a retirar del mercado *El hacedor (de Borges). Remake*, de Agustín Fernández Mallo, un homenaje al escritor argentino. Al estallar la Guerra Civil, Emilio Carrere se refugió en un sanatorio mental para que no lo *pasearan* los milicianos, y pasó entre locos el conflicto. Gustave Flaubert fue denunciado y juzgado por la inmoralidad de *Madame Bovary*, se arruinó por la administración negligente de sus bienes, intentó suicidarse y murió de un derrame cerebral. Philip Roth, William Wordsworth, Scott Fitzgerald, José Antonio

Ramos Sucre, Susan Sontag, Vladimir Nabokov y Percy B. Shelley fueron insomnes. André Chenier fue guillotinado durante el periodo del Terror de la Revolución Francesa. Stalin y Mao Tse Tung escribieron poemas. Hitler, un libro. Franco, el guion de una película. Ted Hughes conoció el suicidio de su mujer, Sylvia Plath, y, seis años después, el de su segunda esposa, Assia Wevill –con la que había engañado a Plath–, que también asesinó a su hija, de cuatro años. José Rizal fue condenado por traición en Manila y fusilado por la Guardia Civil. Victoria Amelina murió por un misil ruso lanzado contra Kiev durante la guerra de Ucrania. Rafael Sánchez Mazas sobrevivió a un fusilamiento en masa en la guerra civil española. Mario Vargas Llosa derribó de un puñetazo a Gabriel García Márquez por cuchichearle una proposición indecente a su mujer. Demóstenes se afeitaba la mitad de la cabeza para que le diera vergüenza salir a la calle y pudiese seguir escribiendo. Dickens hacía lo mismo, pero con la barba. Fernando Villalón se arruinó intentando criar una raza de toros bravos de ojos verdes. Philip K. Dick tenía alucinaciones y visiones místicas. William Blake hablaba con los ángeles. John Steinbeck fue empleado de una piscifactoría. Stephen King hacía turnos de hasta veinte horas en una fábrica textil. Dionisio Ridruejo, Manuel Machado y Eduardo Marquina escribieron poemas en alabanza de Franco; los tres, junto con Gerardo Diego, Eugenio d'Ors, Luis Rosales, Álvaro Cunqueiro y Pedro Laín Entralgo, también loaron en verso a José Antonio Primo de Rivera. Fernando Arrabal acudió a una tertulia de televisión completamente borracho. Clarice Lispector se durmió con un cigarrillo encendido, que provocó un incendio en su dormitorio: sufrió graves quemaduras y le quedó tullida la mano con la que escribía. Ingeborg Bachmann vio arder su casa por un cigarrillo mal apagado y murió tres semanas después en un hospital. Francisco Umbral –a quien se le había muerto un hijo con cinco años– tiraba los libros que no le gustaban a la piscina de su casa. Ramón Gómez de la Serna daba conferencias subido a un trapecio o a una farola, o se comía una vela. Nicolas de Chamfort, perseguido durante el periodo del Terror, se intentó matar de un pistoletazo, pero no lo consiguió; luego, se apuñaló repetidamente con un cortapapeles, por cuyas heridas falleció al cabo de cuatro meses. Arthur Cravan se enfrentó en Barcelona al campeón del mundo de boxeo de los pesos pesados, Jack Johnson, que lo derribó en el sexto asalto, aunque habría podido hacerlo en el primero si no hubieran pactado una duración mínima del combate para que pudieran filmarlo y exhibirlo comercialmente (meses después, se enfrentó al francés Franck Hoche, pero Cravan, que se había presentado borracho al combate, abandonó en el primer asalto). Mário de Sá-Carneiro se tomó, con veintiséis años, cinco frascos de arseniato de estricnina. A Lewis Carroll le gustaban las niñas. Rudolf Těsnohlídek se casó tres veces: su primera mujer se mató de un tiro delante de él (y fue acusado de asesinarla); la segunda lo abandonó; y la tercera se gaseó cuando supo que él se había quitado la vida de un tiro en el corazón, imitando a su primera esposa. Juan Carlos Onetti pasaba la mayor parte del día en la cama, donde comía, leía, escribía y dormía. Ryūnosuke Akutagawa dijo *bonyaritoshita fuan*, que significa «sombrío desasosiego», y se suicidó con veronal. Al veronal recurrió asimismo Teresa Wilms Montt para quitarse la vida, a los veintiocho años. Victor Hugo –que tuvo dos hijas, la primera de las cuales, Léopoldine, se ahogó en su viaje de bodas (y también su marido, Charles, intentando salvarla), mientras que la segunda, Adèle, se volvió loca persiguiendo por el mundo durante diez años al hombre del que estaba enamorada, un oficial británico, y vivió después ingresada en un psiquiátrico hasta su muerte– frecuentaba los burdeles de París: cuando falleció, numerosas prostitutas de la ciudad acudieron a su entierro con un crespón negro en los genitales. También James Joyce tuvo una hija, esquizofrénica, que vivió gran parte de su vida, y murió, en un hospital psiquiátrico. Kakwenza Rukirabashaija fue detenido y torturado, y tuvo que exiliarse, por llamar en las redes sociales «obeso» y «cascarrabias» al comandante del ejército de tierra ugandés e hijo del presidente del país. Truman Capote refería en sus libros sangrantes intimidades de sus amigos, que inmediatamente pasaban a ser sus enemigos. John Berryman, cuyo padre se había suicidado cuando él tenía diez años, se quitó la vida tirándose por un puente en Minnesota. Sergio Ramírez y Gioconda Belli fueron desposeídos de las nacionalidad nicaragüense y tuvieron que exiliarse por sus críticas al régimen sandinista de Daniel Ortega. Anna Politkóvskaya murió acribillada por agentes de Vladimir Putin en el ascensor del edificio donde residía en Moscú, tras haber sobrevivido a un arresto y un envenenamiento. Bernard Maris fue asesinado por dos integristas islámicos en el local de la revista *Charlie Hebdo*, en París. Bruno Schulz, por la Gestapo. Jonathan Swift, esquizofrénico y depresivo, padeció también la enfermedad de Ménière. Yeats se comunicaba con los espíritus por medio de la escritura automática. Herman Hesse fue ingresado en una clínica mental a los quince años. Jordi Royo padeció esclerosis múltiple. Camilo Castelo Branco fue juzgado por adulterio y pasó un año en la cárcel; luego sufrió un accidente de tren, que le estropeó la vista: incapaz de soportar la idea de quedarse ciego, se mató de un tiro en la sien. El miedo a la ceguera, tras otro accidente, llevó también a Henry de Montherlant al suicidio, con cianuro y, por si el veneno fallaba, con un disparo en la boca. Jack Henry Abbott, hijo de una prostituta china, preso desde los dieciséis años y condenado por asesinato, salió de la cárcel gracias a la mediación de Norman Mailer y otros escritores, apuñaló un camarero a las seis semanas y volvió a prisión, donde se suicidó. Aleister Crowley, que había pertenecido al Templo de Isis-Urania de la Orden Hermética del Alba Dorada, a la organización ocultista Astrum Argentum y a la sociedad secreta Ordo Templi Orientis, escribía lo que le comunicaba una inteligencia no humana llamada Aiwass. James Mathew Barrie no alcanzaba el metro y medio de altura. Hans Christian Andersen, disléxico, aquejado del síndrome de Tourette y extraordinariamente feo, murió a resultas de las heridas que se produjo al caerse de su propia cama. Teresa de Cartagena, Eugenie Marlitt, Dorothy Miles e Yvonne Pitrois fueron sordas. Helen Keller, sordomuda y ciega. Julio Verne padecía una parálisis facial irreversible, fruto de los trastornos nerviosos y la mala alimentación. Juan Marsé dejó de estudiar y entró a trabajar en una joyería a los trece años. Mientras escribía *El capital*, Karl Marx se pasaba días sin salir de casa porque su mujer había tenido que empeñar su ropa para comprar comida. Rabelais dispuso en su testamento: «No tengo nada. Debo mucho. El resto se lo dejo a los pobres». Juan José Arreola violó, dejó embarazada y abandonó a Elena Poniatowska (y al hijo que tuvo de él). Robert Byron murió cuando el carguero en el que viajaba fue torpedeado por un submarino nazi durante la Segunda Guerra Mundial. Nietzsche cayó en la locura después de abrazar el cuello de un caballo que estaba siendo maltratado por un cochero en Turín. El padre de Jules Renard se suicidó; su hermano Maurice murió, tres años después, de un infarto; y su madre se precipitó fatalmente a un pozo en el jardín de su casa. Jean-Paul Sartre y Simone de Beauvoir utilizaron como juguete sexual a la estudiante judía Bianca Bienenfeld y la abandonaron a su suerte cuando los nazis ocuparon Francia. Laura Ingalls Walter, la autora de *La casa de la pradera* –que escribió a los sesenta y cinco años–, vio en pocos años morir a su hijo pequeño, quedarse paralítico a causa de una difteria a su marido, arder accidentalmente su casa y su granja, y arruinarse a la familia a consecuencia de una sequía pertinaz. Wittgenstein arrastró el manuscrito del *Tractatus logico-philosophicus* por el barro de las trincheras de la Primera Guerra Mundial. Juan Ruiz de Alarcón era jorobado y probablemente patizambo. Haroldo Conti, Roberto Santoro, Miguel Ángel Bustos, Ana María Ponce y Marcelo Gelman –hijo de Juan Gelman– fueron secuestrados y *desaparecidos* por la dictadura militar argentina. Rodolfo Walsh murió tras un tiroteo con un grupo de tareas de la siniestra Escuela de Mecánica de la Armada, que hizo desaparecer su cuerpo. Francisco Urondo falleció por estallido de cráneo, provocado por un culatazo de fusil que le propinó un policía. Christy Brown y Gabriela Brimmer sufrieron parálisis cerebral. Alexander Pope y Giacomo Leopardi, el mal de Pott. Harper Lee fue teleoperadora de una compañía aérea. Chuck Palahniuk, mecánico de motores diésel. Amos Oz fue acusado por su hija Galia de maltratarla cuando era niña. El general Hugo Bánzer quemó en la plaza pública la biblioteca entera de Néstor Taboada, que luego sería encarcelado y, por fin, marcharía al exilio. También ardieron, en piras nazis, los libros de Thomas Mann, a quien se le despojó de la ciudadanía alemana. Heinrich von Kleist, tras constatar el fracaso de su última obra, *El príncipe de Homburg*, le descerrajó un tiro en el pecho a su compañera y musa, Adolphine Vogel, y luego a sí mismo. Ahmed Naji fue condenado a dos años de cárcel por publicar en Egipto una novela con escenas eróticas y menciones a las drogas. Faulkner vendió sellos y expidió cartas en una oficina de Correos. Raúl Zurita fue encerrado y torturado en las bodegas de un carguero durante la dictadura del general Pinochet. Luis Sepúlveda, Josep Maria Benet i Jornet, Ernesto Cardenal, Amparo Dávila, Carlos Ruiz Zafón, Rubem Fonseca, Rodrigo Pesántez Rodas, Yu Lihua, Ciro Pessoa, Olga Savary y Géza Szöcs murieron de covid. Carson McCullers sobrevivió a un intento de quitarse la vida, pero su marido, obsesionado con un supuesto pacto suicida, se mató poco después. Frederick Douglas y Anton de Kom fueron esclavos. Miguel Primo de Rivera ordenó que Mercedes Pinto fuese desterrada a Bioko por haber impartido en la Universidad de Madrid la subversiva conferencia «El divorcio como medida higiénica». James Rhodes fue violado, desde los cinco años, por un profesor de su colegio en Inglaterra. Jorge Edwards y Alejandro Palomas lo fueron por sacerdotes de los colegios donde estudiaban: el primero, a los once, en Chile, y el segundo, a los ocho, en España. Junot Díaz también fue violado cuando tenía ocho años. A Flora Tristán la maltrató e intentó asesinarla, disparándole en plena calle, su marido, el propietario del taller de litografía en el que había entrado a trabajar con dieciséis años. Guy Gilpatric decidió suicidarse con su esposa cuando supieron que ella tenía cáncer de mama. También Arthur Koestler, enfermo de párkinson y cáncer, se suicidó con su mujer. Y Stefan Zweig con la suya, en Brasil, convencidos ambos de que el nazismo iba a dominar el mundo: los encontraron abrazados en la cama, con sendos vasos de veneno en las mesitas de noche. Lucano y Petronio participaron en una conjura fallida contra Nerón y optaron por cortarse las venas. Georg Trakl cometió incesto con su hermana; Lord Byron, con su hermanastra. Hanif Kureishi y Antonio Cabrera se partieron la columna vertebral y se quedaron tetrapléjicos: el primero, por una caída, y el segundo, por dar de cabeza contra una pared cuando jugaba a fútbol con unos niños. Arthur Conan Doyle practicó el espiritismo y defendió la veracidad de patrañas como las de las hadas de Cottingley. A David Goodis le dieron una paliza cuando se resistió a que le robaran y murió unos pocos días después de un infarto cerebral. A T. E. Lawrence le gustaba que le pegaran. Jean-Jacques Rousseau tuvo cinco hijos y a los cinco los echó a una inclusa. Kostas Kariotakis quiso suicidarse ahogándose en el mar, pero, como era un buen nadador, no lo logró: tras diez horas afanándose por morir, las corrientes marinas lo devolvieron a la orilla; regresó a su casa, descansó un rato, se vistió de nuevo, compró una pistola, se fue a un café a fumar y a escribir una nota en la que desaconsejaba a los que quisieran suicidarse que se tirasen al mar, y por fin volvió a la playa, donde se sentó a la sombra de un eucalipto y se mató plácidamente de un tiro. T. S. Eliot se pintaba la cara de verde para escribir. Schiller ponía manzanas podridas en su escritorio. Carolina Coronado era cataléptica y *falleció* varias veces. Vicente Gallego fue repartidor, «gogó» de discoteca, podador de pinos y empleado en un vertedero municipal. Voltaire fue encarcelado y desterrado varias veces por sus escritos irrespetuosos con el rey, los nobles y la Iglesia. Hölderlin padecía esquizofrenia catatónica y vivió recluido en la casa de un admirador los últimos treinta y seis años de su vida. Miguel

Ángel Velasco experimentó con la ketamina, el éxtasis, el 2C-B, la ayahuasca, la mezcalina, la yurema, la heroína y, sobre todo, el LSD; murió a los cuarenta y siete años. Ciro Alegría también falleció súbitamente, de un infarto, mientras hacía el amor con su esposa, la poeta cubana Dora Varona. Arthur Miller abandonó en una institución para enfermos mentales a un hijo con síndrome de Down, al que ni siquiera menciona en sus memorias. Bertold Brecht fue perseguido por los nazis –que quemaron sus libros– en Alemania y por el Comité de Actividades Antiamericanas en los Estados Unidos. Romain Gary se quitó la vida un año después de que lo hiciera su mujer, la actriz Jean Seberg. Rafael Alberti, Miguel Hernández, Pablo Neruda, Nicolás Guillén, Paul Éluard y Jorge Semprún escribieron poemas a Stalin. William Henry Davis vagabundeó por Inglaterra, los Estados Unidos y Canadá, perdió un pie cuando intentaba subirse a un tren que se dirigía al Klondike para sumarse a la fiebre del oro, y regresó a Londres, donde se dedicó a la venta ambulante. Zelda Fitzgerald murió abrasada en la habitación del hospital psiquiátrico donde esperaba que le aplicaran electrochoques para combatir su esquizofrenia y otros problemas mentales; el incendio, que se había desatado en la cocina del centro y propagado a todo el edificio, consumió también los manuscritos de sus novelas...

[*Corónicas de España*]

Viernes, 9 de junio de 2023
LA DEPRESIÓN

No dormir. Que los colores palidezcan. Caminar más despacio. Que cueste abrir un libro. Que cueste leer un libro. No leerlo. Que cueste sonreír. Sonreír pese a todo. Sentir barro dentro. Pasar horas sentado en el sofá. No atarse los cordones de los zapatos. Salir de casa con ropa ligera cuando hace frío o abrigado cuando hace calor. No salir de casa. No dormir. Que la conciencia sea un páramo por el que vago como si me ahogara. Que ahogarme no me preocupe. No comer. Comer demasiado. No dormir. Que irrite una puerta que se cierra de golpe, una palabra bienintencionada, mi nombre repetido. Saber que debo amar a alguien, pero no poder hacerlo. No disfrutar con dos huevos fritos o un película de Woody Allen. No saber quién está haciendo lo que hago. Dejar de hacerlo. La pastilla de sertralina. No dormir. Que las horas se alarguen como lombrices. Tener la culpa de mi mal. Ver sin ver. No dormir. No ir al gimnasio. Que no se me levante, o que se me levante a destiempo. Sentir el punzón de la melancolía labrándome la piel por dentro. Creer que la oscuridad es el estado natural de las cosas. Sentir que la conciencia, purulenta pero invencible, siempre está ahí, en las horas espesas del día, en las horas eternas de la noche. Ser inexorablemente yo. Olvidarme de regar las plantas. Dormirme cuando no debo. No dormir. Sentir que todo tiene una densidad lacerante y que no hay caminos para sortearla. Barruntar que sí hay un camino. No oler. Responder sin ganas a un amigo que quiere saber cómo estoy. Que una telaraña cubra la mirada.

Saludar cortésmente al vecino que ya no recuerdo cómo se llama ni en qué piso vive. Recordar la claridad esperanzadora de otras mañanas. Que el cansancio sea axial. La pastilla de lorazepam. Salir a pasear con la esperanza de desprenderme del yo como la serpiente se desprende de la piel muerta. No conseguirlo. Que la noche se acelere; que sea ubicua. No dormir. Caer en un sueño erizado solo de madrugada, cuando el cansancio se vuelve un láudano atroz. Admirar –y apenas comprender– que el corazón no deje de latir. Morderme las uñas. Olvidarme de cargar el móvil. Forzarme a seguir, aunque no sepa a dónde. Que cueste escribir. Que el futuro se amontone en una sola masa gris; que guarde silencio. Que el supermercado quede muy lejos, mucho más lejos que antes. Que las cosas tiendan a no existir. Que la música sea, en realidad, silencio. No dormir. Esperar que pase el tiempo. Que el tiempo no pase. Sobre todo, no olvidar el día en que he de volver a ver al médico. Ver caras que no se pueden tocar. Que los gestos de los demás sean un laberinto en el aire. Que todo tenga forma de laberinto. Que las cosas se reblandezcan, pero sigan siendo impenetrables. Que los desayunos no auguren nada bueno. Que la realidad sea implacable; que sea excesiva. Que, cuando por fin me duermo, tenga un sueño a trompicones, pedregoso, como si recorriera un aulagar. Que me haya costado recordar la palabra «aulagar». Estar enfadado conmigo mismo. Aprender que la razón no sirve contra la tristeza: que confiar en uno mismo significa encomendarse a un fantasma. Que me dé igual que el Barça gane la liga, quién gane las próximas elecciones, qué derramas haya que pagar en la comunidad. No saber. Hablar poco. No dormir. Que me moleste el entusiasmo de los demás. Respirar ceniza. Que la negrura sea mi compañera de cama. Enfadarme con las cosas: reñir a una percha por que no suelte la ropa que tiene colgada, a un cinturón porque se ha enganchado con un saliente, a unas gafas por haberse perdido. Continuar, aunque fatigue, aunque agote.

[*Corónicas de Españia*]

Viernes, 6 de enero de 2023

## AMIGOS QUE DEJARON DE SERLO

C. cayó en una depresión y ya no quiso saber de mí (ni de nadie). Á. me retiró la palabra y la amistad porque yo había retirado sus tildes del adverbio «solo». J. M. dejó de hablarme (y empezó a odiarme con furor) porque gané una plaza en la Administración a la que él también se había presentado y que creía que le correspondía. M. J. se encolerizó conmigo porque no era como ella esperaba. E. me dio de lado porque M. J. le habló pestes de mí. J. Á. creyó que yo lo postergaba y dejó de responder a mis invitaciones y mensajes. X. pasó a criticar mis entradas en el blog, y luego a dejar de comentarlas en absoluto, porque J. M. me puso a caer de un burro. A F. le sentó como un tiro algo que dije en una crítica (elogiosa) sobre un libro suyo y, tras exigirme una rectificación pública, cortó relaciones. A. M. se enfadó conmigo porque no le hice un regalo a quien él creía que debía hacérselo. C. se enfadó con una pareja de amigos comunes y, por extensión o analogía, se enfadó conmigo. O. y P. no me quisieron en su editorial porque no me dejé absorber por su espíritu sectario. Á. estuvo dando largas a mis propuestas de que nos viéramos hasta que se sumió en el silencio más absoluto (acaso influido por Á., el de las tildes, de quien es amigo, y por O. y P., en cuya editorial publica). R. me insultó porque decidí publicar en una editorial distinta de la suya. T. se sintió ofendida porque no le había dicho que había tenido una relación con G. S. también se ofendió porque, cuando gané la plaza por la que perdí la amistad de J. M., dejé de trabajar en su empresa. F. se indignó cuando leyó que describía su piso como «muy pequeño» en uno de mis diarios. J. rompió relaciones cuando se enteró de que había criticado, en mi blog, a quienes habían participado en un acto organizado por él y hecho mofa de los catalanes. A R. J. le pareció mal que dijera que Adolfo Suárez no había sido un gran político, sino un hombre habilidoso para estar en el lugar oportuno en el momento oportuno. Para Ya-no-recuerdo-cómo-se-llamaba supuso un agravio que mi exmujer viniese a Sant Cugat y no les hiciese una visita. D. y C. se disgustaron porque no opiné sobre un poemario que había publicado D. (era muy malo). R. pasó a criticarme cuando supo que lo consideraba un imbécil (lo es). Muchos han desaparecido de mi horizonte por la mera fluencia de la vida, por la borrosidad –y finalmente la anulación– que causa la distancia. Otros –bastantes– han salido de mi vida sin que nunca haya sabido por qué. Y alguno habrá por ahí a quien yo todavía considere mi amigo, pero que ya no me tenga a mí por el suyo.

[*Corónicas de Espaňia*]

Martes, 31 de mayo de 2022

## COSAS QUE VEO Y OIGO POR EL BALCÓN CUANDO ESCRIBO

La masa verde de las copas de los plataneros del parque. Los ladridos de un perro. Pedazos de cielo entre las ramas espesas. El petardeo de una moto adolescente. Una mujer que le grita a un niño que haga el favor de dejarle la pelota un rato a su hermano. Las palmeras de los fuegos artificiales que se dibujan en la cúpula negra del cielo cuando llegan las verbenas y los festejos (y cuando gana el Barça; ahora hace tiempo que no se ven). Las inflorescencias globulares y vellosas que cuelgan de los plataneros. El rumor asordinado de algunos coches. El explosivo de otros. Un abejorro que se detiene en el aire, husmea en el cristal y desaparece como un minúsculo helicóptero atigrado. Una tórtola que acarrea ramas en el pico para construir el nido en la horquilla de un platanero. Un termómetro metálico de pared que me traje de la terraza de mi madre y colgué en la mía. El monstruo paralelepipédico del motor del aire acondicionado. El estruendo salsero de los ecuatorianos que pasan las tardes de domingo, en familia, en el parque. Las hojas polilobuladas de los plataneros, que parecen manos, y que me saludan incansablemente, movidas por el viento. Una urraca que saquea el nido construido por las tórtolas. Los ladridos de otro perro. Un árbol de jade, que también rescaté de la terraza agonizante de mi madre y que ha crecido tanto que amenaza con ensombrecer a las demás plantas de la mía. Los ladridos de otro perro. Un áloe al que le he cortado una hoja para curarme alguna quemadura, y que ahora me enseña, en el muñón, su adentro pulposo y oscuramente verde. La cara de Á. reflejada en el cristal. Un murciélago que cose de negrura veloz el espacio transparente de la terraza. Los troncos moteados de los plataneros, que parecen llevar uniforme de camuflaje. Una ambulancia que chilla como Macarena Olona. Unos geranios que no dejan de florecer, pero cuyas flores no dejan de marchitarse. El fantasma de un carillón metálico que compramos en el barrio chino de San Francisco, y que ya no está, y uno de hojas de cerámica, que sí pende del techo, y cuyo aburrido y hasta sombrío clac-clac no puede compararse con el armonioso tintineo de aquel. Los ladridos de otro perro. Un lagarto de cabeza plana y cuerpo breve que escala la pared de la terraza hasta el piso de arriba (*nel mezzo del camin* se para y parece mirarme con desconfianza; luego, acelerando a golpes de cola, culmina su andadura). La esquina desmochada del suelo de la terraza del piso de arriba (que es el techo de la mía), en la que se descubren los hierros que arman el hormigón. Otro lagarto que corretea por los ladrillos. El escándalo hediondo del camión de la basura. Una paloma que se posa en la baranda del balcón. Un autobús urbano eléctrico inaudible. La mesa de cristal de la terraza, con una cazoleta metálica en el centro que contiene un puñado de nidos fósiles de abejas, de diez mil años de antigüedad, que nos trajimos de una playa de Fuerteventura. Los ladridos de otro perro. Unos desalmados que tocan los bongos en el parque. Una cotorra argentina que se confunde con el verde glabrescente de las hojas de los plataneros, pero que se distingue por su inconfundible e insoportable chirrido. Más y más coches que pasan. Uno de los dos sillones granates del comedor. Los ladridos de otro perro. Las campanadas lejanas del monasterio. El ruido distante de los trenes que pasan. Hojas secas entre las hojas nuevas de los plataneros. Un gorrión que se posa en la baranda del balcón. Los cerramientos de aluminio del comedor, que me costó seiscientos euros reparar (dejaban pasar el agua porque no había limpiado en años las guías por las que se desplazan, y eso había acabado con su impermeabilidad). La conversación sosegada de unos vecinos en el portal. El hijo de los vecinos de arriba, muy dado a saltar. El viento, que se enreda en la vegetación. Jirones de nubes. Los ladridos de otro perro. Una avispa despistada. Una oruga que recorre, ceremoniosa, el suelo de terrazo. Las marañas traslúcidas que deja la lluvia en los cristales. Las carcajadas de un grupo de quinceañeros. Un mirlo que pasea su sotana de plumas y su pico anaranjado por entre la fronda. El polvo que se posa en todas partes. El piar constante de unos polluelos que no alcanzo a ver. Los humildes aperos de jardinería que descansan debajo del apabullante corpachón del motor del aire acondicionado. El soniquete de un afilador (¡todavía!). Las peladuras de la pintura de la baranda, que dibujan una delicada escena dadaísta. Mi cara reflejada en el cristal.

[*Corónicas de Españia*]

Viernes, 6 de mayo de 2022
COSAS TRISTES

Perchas vacías en un armario. Llegar a un aeropuerto y que no haya nadie esperándote. Un guante solo. Un pájaro con un ala rota. Un perro mojado por la lluvia. Mandar un mensaje de amor y que no te contesten. «Lacrimosa», del *Requiem* de Mozart. Dormir solo. Una ciudad bombardeada. Un libro mordido y desencuadernado. Una carta en la que alguien, a quien ya no recuerdas, te dice que te quiere. *La carretera*, de Cormac McCarthy. Una patera llena de gente. Una patera volcada en la playa. Alguien que llora en silencio. Una anciana que apenas puede moverse y, con esfuerzo, te sonríe. Un cajón con cosas de alguien que ya no está. Una pluma estilográfica sin tinta. La escena de *La lista de Schindler* en la que los judíos le regalan a Oskar un anillo de oro, hecho con el metal de los dientes que algunos de ellos se han arrancado. Que alguien te pida algo con la mirada turbia, extraviada, y siga mirándote mientras tú te alejas. Una planta mustia. Una pelota deshinchada. El cadáver de alguien a quien has querido. Un paisaje quemado. Una agenda antigua, llena de números de teléfono. Pensar en quien no piensa en ti. Una amistad rota. Un helado que se deshace. Una familia que huye por una carretera con unos pocos enseres a cuestas. Un niño calvo. Un pájaro caído del nido. Un velatorio sin nadie. Una llave que ya no sabes qué puerta abre. *Los puentes de Madison*. Que la persona de la que podrías enamorarte te diga que quiere una relación abierta. La sirena de una ambulancia. Que nadie se levante para cederle el asiento a un anciano. Reír a destiempo. Un tren que pasa y no para. Una lámpara de mucho brazos en la que solo funciona una bombilla. Que tu madre no recuerde tu nombre. Que no asista nadie a la presentación de un libro. Las campanadas a muerto. Una cola en un banco de alimentos. No poder honrar un cuerpo hermoso. Que alguien te diga adiós desde una estación de tren. Que Vox crezca en España. Que el neofascismo crezca en el mundo. No poder acabar una frase. Una mancha de sangre en el suelo. Que no te acepten un regalo, o que te lo devuelvan. Un imán que predica el horror. Una tarde de domingo en casa sin nada que hacer. *The Boxer*, de Simon & Garfunkel. La imagen de miles de hectáreas devastadas en la Amazonia. Morir de hambre o de ébola o de tifus en África. Un atardecer lluvioso en un pueblo olvidado. Que nadie se acuerde de tu cumpleaños. Enfermar. El olor a cárcel y orfanato. El gemido de alguien que sufre. Las fotos de los lugares que han desaparecido en las ciudades. Un lápiz sin punta. Una ofensa gratuita.

[*Corónicas de Españia*]

Sábado, 20 de noviembre de 2021

## COSAS QUE NO HEMOS HECHO NUNCA

Ir al cine. Ver atardecer en una playa. La compra. Tender la colada y poner los calzoncillos al lado de las bragas. Tumbarnos en el sofá, con una manta, para ver una película. Jugar a pimpón. Preparar una limonada caliente para el otro cuando está resfriado. Sexo anal. Leer juntos, en silencio. Regar las plantas. Planear un viaje al extranjero. Viajar al extranjero. Caminar sin objeto por la calle cogidos de la mano. Burlarnos de alguna costumbre del otro. Ayudar al otro a hacer la declaración de la renta. Cosquillas. La comida de Navidad. Ir a bailar. Quitarle al otro las gafas cuando se ha quedado dormido en el sillón. Ir a la ópera. Endilgarle al otro que asista a la reunión de la comunidad de propietarios. Ir a un restaurante caro a celebrar una buena noticia o un aniversario. Ver la tele (y discutir por quién tiene el mando). Quitarle al otro una miga o una mancha que tenga en los labios o en la ropa. Comprar regalos. Aburrirnos. Cocinar. Escribir juntos. Conocer a la familia del otro. Ir a un entierro. Ir en globo. Leernos en voz alta poemas que nos hayan gustado. Acompañar al otro al médico. Lavarle al otro el pelo, los dientes, el sexo. Cortarle las uñas de los pies. Escucharnos incluso cuando no tengamos ganas de hacerlo. Arroparnos. Emborracharnos. Tener celos. Tener hijos. Ir a buscar al otro a la salida del trabajo. Reírnos con *El Intermedio*. Jugar al *Scrabble*. Felicitarnos el aniversario, el cumpleaños, el año nuevo. Quedar con gente. Pensar que el otro ha de morir. Pensar que no puede morir. Pasar una tarde de domingo en casa sin hacer nada. Ponernos crema en la espalda. Ir al teatro. Bajar a tirar la basura. Mojarnos con la lluvia. Chuparnos los dedos de los pies. Ir a votar. Desatar un nudo que el otro no puede. Llamar para decir que hemos llegado bien. Ver crecer a los hijos. Estar desnudos en casa. Mirarnos a los ojos en la cama por la noche hasta quedarnos dormidos. Ordenar los libros. Descorchar una botella de champán. Hacer el amor en un lugar público. Ir a misa. Grabar un corazón atravesado por una flecha con nuestros nombres en la corteza de un árbol. Llevarle papel higiénico al otro cuando el del váter se ha acabado. Rascarnos la espalda. Acompañar a alguien que agoniza. Afeitarnos mutuamente las ingles. Discutir de política. Abrir una cuenta corriente a nombre de los dos. Sacarle al otro algo que se le ha metido en el ojo. Ir a un entierro. Casarnos. Intercambiar con el otro el plato que hemos pedido en un restaurante porque no nos gusta. Utilizar el cepillo de dientes del otro. Quitar el polvo. Juguetear con los pies del otro por debajo de la mesa en una reunión. Darle un masaje al otro cuando le duele la espalda. Jugar al *Trivial Pursuit*. Dejar las persianas subidas para que algún vecino nos vea haciendo el amor. Usar las gafas del otro cuando no encontramos las nuestras. Curarle una herida al otro. Ver amanecer. Vivir juntos. Morir juntos.

[*Corónicas de Españia*]

Jueves, 21 de octubre de 2021

## CON AMAR NO ALCANZA

Es verdad: con amar no alcanza. Para que alcance, hay que saber amar. El amor no puede ser solo una construcción mental: ha de implicar actos; supone tomar decisiones; tiene que hacerse realidad, presencia, cuerpo. Quien solo piensa el amor, no ama. El que ama lucha por que el amado ocupe en su vida el lugar que ocupa en su corazón. El que ama no dice nunca que no; o solo lo hace cuando ese «no» beneficia al amado. El que ama no rehúye al amado, no lo arrincona, no lo descarta. El que ama recorre todos los caminos posibles para llegar al amado, o al menos se asoma a ellos: no se resiste a explorarlos. El que ama no es inflexible, sino que considera todas las posibilidades, y se afana por multiplicarlas, para encontrar al amado. Incluso cuando al que ama lo cerca un muro, se esfuerza por hacerlo poroso, por subvertir sus límites, por reblandecerlo o saltarlo o abatirlo. El que ama no incumple sus promesas: no crea ilusiones para luego desbaratarlas. El que ama no es cruel: sus palabras nunca persiguen el menoscabo, sino la confianza; sus actos no buscan herir, sino compadecerse. No es menester que el que ama sea perfecto: basta con que su imperfección congenie con la del amado, que sabrá hacer de ella otra razón para amarlo. El que ama debe satisfacer antes las necesidades del amado que las suyas propias: debe desear su bien, aunque su bien suponga un contratiempo y hasta una catástrofe. El que ama ha de entregar su cuerpo al amado como quien se abandona a las turbulencias de un río o a las llamas de un incendio. En el que ama conviven la lucidez de quien sabe que el amor que lo posee es la razón de todo, y la confusión de las pasiones y las contradicciones que ese amor levanta. Pero la confusión es su mayor contribución a la armonía universal: el desorden que causa lo justifica. El que ama debe querer en todo momento unirse al amado, acariciar sus palabras, lamer sus raíces y sus esquirlas, sentirlo en el aire y en las yemas de los dedos. No hay goce sin el amado, ni amor sin tacto: sin el barro del beso y la posesión. El que ama siempre le coge al teléfono al amado: no lo abandona a la angustia de la incomunicación. El que ama acepta por igual las razones y las locuras del amado. El que ama reconoce los sacrificios del amado y procura que cesen. El que ama, ama la paciencia del amado, pero no la desea: trabaja por que sea innecesaria. El que ama ha de ver el mundo con los ojos del amado, o, por lo menos, entrever sus fracturas y sus sombras como este lo hace; igualmente, tiene derecho a que el amado lo vea con los suyos. El que ama no guarda silencio, no se arrebuja en ruinas, no prolonga lo destruido, no desmerece de la pasión que suscita, no tropieza consigo mismo. El que ama sabe romper cadenas para crearlas con el amado y alzar el vuelo con ellas. El que ama ejerce la autocrítica: sabe que sus errores lastran al amado. El que ama nunca se desembaraza del amado, ni rehúsa que se le acerque, ni soslaya sus ansias: solo se opone a cuanto se opone al amado. El que ama se enorgullece de amarlo, y de que se sepa que lo ama. El que ama apoya al amado, lo defiende de quienes lo atacan, le da una mano firme para sostener su mano vacilante. El que ama no conoce desfallecimientos: su andadura hacia el amado, o con él, nunca se interrumpe; todos sus pasos pronuncian su nombre. El que ama no desconoce que, pese a todas sus grandezas, el amor no lo puede todo, ni sobrevive a la muerte, como han escrito algunos desesperados por amar. El que ama sabe, pues, que el amor se acaba. Pero ese acabamiento es otro motivo para abrazarlo: para que no decline en la certeza de lo imperecedero. El amor rara vez consiente dilaciones: necesita futuro, pero ese futuro ha de ahincarse en el presente, desplegarse, siquiera fugazmente, en el ahora. El amor vivifica cada instante, y los instantes que no se viven con amor son instantes desperdiciados. El que ama no humilla al amado, ni permite que se humille. El que ama sabe que el tiempo es breve y que no cabe derrocharlo con privaciones y malandanzas. El que ama pone la alegría por sobre todas las cosas. El que ama no excita las bajezas del amado, sino que fortalece sus virtudes. El que ama no ignora que el amor es garantía de dolor, pero sabe transformar esa certeza sombría en estímulo para el placer. El que ama no se rinde, ni se resigna, ni desaparece: siempre está ahí, dispuesto a construir el amor. El que ama ha de estar listo para empezar una nueva vida con el amado: el amor *es* la vida nueva.

[*Corónicas de Españia*]

Lunes, 6 de septiembre de 2021

## SEPTIEMBRE

Cuando llega septiembre, una lluvia de doradas oscuridades se precipita sobre las ciudades.

Con septiembre viajan el estallido y el silencio.

Septiembre disipa la pereza del veraneante y afianza la resolución del suicida.

Septiembre no es urgente, sino apacible y desolado.

En septiembre se oye a las flores.

Septiembre restaura el recuerdo de quien fue muerto en un palacio bombardeado sin haber pisado todavía las grandes alamedas de la libertad.

En septiembre, el agua huye.

En septiembre, todos los pájaros vuelan hacia la muerte y todos los ascensores descienden a los infiernos.

Cuando septiembre se desnuda, no vemos la gloria de un cuerpo, sino la sinopsis de un esqueleto, que, sin embargo, no se arredra ante el frío, ni repudia al sol.

Desde septiembre, se divisan valles callados, se alerta de la caída de meteoritos, se distingue una muchedumbre de horizontes, se reconoce un mar vertical, cuyas fosforescencias ciegan.

En septiembre, los borrachos beben sombras.

En septiembre, se abren los paraguas de los níscalos.

En septiembre nació Roald Dahl.

En Croacia, septiembre es el mes rojo; en Polonia, el mes en el que florece el brezo.

Septiembre es un mes solitario, a quien cubre un manto y merodea un lagarto.

Septiembre es el barco y el embarcadero, la marea y la estiba, el océano y la dársena.

En septiembre, fusileros exhaustos taponaban las brechas que la artillería de Berwick había abierto en el baluarte del Portal Nou, mientras los capitanes hacían ondear en las murallas las banderas de Santa Eulalia y San Jorge.

En septiembre, los niños vuelven a jugar al fútbol.

El zafiro chilla lumbre en septiembre.

Septiembre es el hogar de la caducidad y la resurrección.

En septiembre nació António Lobo Antunes.

¿Qué oculta septiembre para que nos intriguen sus atardeceres y nos confundan sus madrugadas?

En septiembre comemos membrillos y mariposas.

En septiembre nos revestimos de luz, que nos abriga y nos desuella.

En septiembre, las madres regresan a la menstruación.

También envejecen.

También enloquecen.

En septiembre renacemos para morir.

*Septiembre* es una película de Woody Allen en la que actúa la mujer que quiere destruirlo.

En septiembre, miríadas de insectos alborotan la candente penumbra de las habitaciones, motean los haces ambarinos de las bombillas y tunelan las mermeladas de las alacenas.

Las Perseidas ya están muy lejos en septiembre.

En septiembre, el monstruo levantó la barrera y extendió su monstruosidad por el mundo.

También en septiembre, en el *Missouri*, el monstruo, que lucía chistera, fue devuelto a su ciénaga. Le habían arrancado los ojos, pero deberían haberlo castrado.

En septiembre bostezan las tumbas. (¿Tienen hambre? ¿Se aburren?).

El sol rueda más deprisa en septiembre; y acaba extenuado.

Y la luna, ¿a dónde va en septiembre?

Septiembre es ferruginoso.

Quevedo nació en septiembre.

Las armas se desbocan en septiembre, como los dondiegos.

Ojalá muriese en septiembre.

Un septiembre atroz ennegreció las pistas de atletismo, el combate en la palestra, el laurel inofensivo.

Septiembre es el mes de las brujas y los enamorados.

Septiembre a veces cojea de la «p».

Septiembre orina melancolía.

En septiembre vuelve a girar, chirriando, la oxidada rueda cósmica.

En septiembre fueron devueltos a la nada ciento ochenta y seis niños en Beslán.

En septiembre recuerda el mar a todos sus ahogados.

En septiembre, los ángeles chocan unos con otros, tropiezan en las aceras, caen en los balcones como las hojas de los árboles o la ropa que se le escurre a la vecina de arriba, y hasta entran a trompicones en las casas, para asombro de los que miran la televisión, o echan la siesta, o copulan.

Septiembre suelta una baba iridiscente, en la que se reúnen los oxiuros y las tormentas.

¿Por qué septiembre martiriza y acaricia? ¿Por qué sus cristales brillan con una crueldad desconocida en julio o en enero?

Fue en septiembre cuando asesinaron a tres mil personas y dos rascacielos. Se enderezó entonces la barbarie; y se irguió la venganza.

¿Dónde está septiembre? ¿Cuándo es?

Septiembre canta como el mirlo, pero sin su pico anaranjado.

En septiembre nació Nicanor Parra.

Cuando llegue septiembre, veré *Cuando llegue septiembre*.

Septiembre es un mes incoherente: se llama séptimo, pero es noveno.

En septiembre, los milanos negros, las cigüeñas y los halcones abejeros, migrantes al sur, se cruzan con los desgraciados del sur que migran al norte para desembarazarse de su desgracia.

En septiembre, las piscinas se deprimen.

Todos los días de septiembre contienen miel y negación de la miel, ácido y negación del ácido, olvido y afirmación del olvido.

En septiembre, hasta el hielo hace ruido.

En septiembre, la tristeza brinca como un cervato desconcertado.

¿Por qué sigue a agosto, si agosto es más tardío, si en agosto todo se rezaga, y los árboles apenas hablan, y las nubes se deshilachan en el cielo?

En septiembre descubrieron el escondrijo de Anna Frank.

En septiembre nació el doctor Johnson.

En septiembre se contraen los pechos, asfixiados de tristeza.

En septiembre se dilatan los pechos, imbuidos de esperanza.

En septiembre, las cosas se abandonan a una molicie que anticipa el sosiego de los cementerios.

En septiembre, todo es relativo.

Dan ganas de componer greguerías en septiembre. Y misas de réquiem.

En septiembre, el poeta Rigoberto López Pérez le pegó cuatro tiros a Anastasio Somoza García. Bendito sea.
Con el aire estremecido de septiembre, el amor es más noble: los labios besan más; la piel dice mejor.
En septiembre, las gemas se reblandecen, el oro transige, la plata palpita.
En septiembre, azagayas de nomeolvides recorren las esquinas del aire.
Yo nací en septiembre.

[*Corónicas de Españia*]

Domingo, 25 de abril de 2021
COSAS QUE HE ENCONTRADO EN EL PISO DE MI MADRE

Recibos de mi colegio de 1974. Cartas de mi tío abuelo Jesús, al que mataron en la guerra –sin que jamás se encontrara su cuerpo– a principios de 1939: la última, garabateada en un papel basto, es del 2 de enero. Una hoz pequeña y oxidada en la caja de herramientas. El bolillo con el que mi madre hizo sus encajes durante años. Sombras. El dibujo dadaísta de una antigua humedad en la pared. Los viejos vinilos –de *jazz*, clásicos rusos y Raphael– que oíamos los domingos por la mañana. El viejo tocadiscos en que los oíamos. Cajones vacíos. Una cajita de seguridad con algo dentro, pero sin llavín. Cartas de mi abuelo bígamo. Un paquete de cigarrillos, «labor de guerra». La máquina de coser Singer cuyo pedal mi madre se pasaba horas moviendo. Un informe psicotécnico del colegio en el que se concluía que yo sería un buen matemático. La canica rectangular de una aguamarina sin colgante. Agendas viejas en cuyas direcciones y citas reconozco la letra de mi padre. Una lupa abollada. Un catalejo en el que entra la luz, pero con el que no se ve nada. Cartas de mi padre a mi madre, llenas de dibujos divertidos, y de mi madre a mi padre, una de las cuales acaba diciéndole «te quiero». Unas fichas de ajedrez sin tablero. Frascos llenos de alfileres. Campanillas de cerámica recuerdo de primeras comuniones. Carretes de hilo. La ropa que llevé en mi bautizo, guardada en una maleta de cartón. Los guantes que llevó mi madre cuando se casó. Flores de tela. Penumbra. Una botella de Agua del Carmen. Un buda sedente (de metal). Otro buda sedente (de jade). Y otro (de cerámica negra). Fotografías de mi tía Josefina, que murió de cáncer con cincuenta años (y el recordatorio de su óbito). Carretes de hilo. Abanicos bordados por mi madre. Pergaminos egipcios para turistas. Las llaves del piso de Chalamera. Un transistor que no funciona. Otro que sí. Cartas de Jeff a mis padres. Un diploma a mi padre por haber asistido en 1954 a un curso de formación de vendedores de electrodomésticos en tienda. Zapatos sin estrenar. Unas tazas decimonónicas para tomar chocolate, descantilladas, pero con finos dibujos grabados. Recuerdos de los encuentros de encajeras a los que mi madre asistía cada año. Un mortero con dos manos de metal. Carretes de hilo. Fotografías de mi tía Lolita, que murió de cáncer con cincuenta años (y el recordatorio de su óbito). La tarjeta con la que mis padres celebraron «mi primera sonrisa». Casquillos de bala. Un cubilete con dados. Escrituras notariales manuscritas de gente que ya no sé quién es. Dedales. Tijeras. Productos de limpieza caducados en 1980. Un mantón de Manila. El parchís de cartón con el que jugábamos por las tardes. Los ruidos del ascensor. Puntas de lápiz y bolígrafos secos. Diarios de mi madre, en los que detallaba los cuidados que necesitaba mi abuela y las incidencias de la relación con mi tía. Una carta de un amigo de mi padre emigrado a Suecia. Una carta de un amigo de mi padre emigrado a Brasil. Carretes de hilo. Botellas de licor sin abrir. Postales de Francia. Ejemplares de mis libros dedicados y de algunos sin dedicar. Pasaportes caducados. Recortes de las cartas al director que mi padre publicó en *La Vanguardia*. Nóminas de mi abuela en la clínica mental en la que trabajó de limpiadora. Una carta del jefe de gabinete del presidente del Gobierno en la que acusaba recibo de la propuesta de mi padre y, tras agradecérsela, aseguraba que le daría el curso adecuado. La luz que entra por el balcón. Radiografías. Una participación de la boda de mis padres. Otra de la mía. Telas pintadas, que mi madre empezó a hacer cuando ya no podía manejar el bolillo. Carnés de identidad caducados. Carretes de hilo. El botiquín con docenas de cajas de medicamentos. Una cubertería de alpaca. Dibujos que hice de niño. La silla de ruedas. Una edición del *Kamasutra*, con ilustraciones, que guardaba mi padre. Un espadín recuerdo de Toledo. Monederos, uno lleno de monedas de peseta. Dos potos que han crecido tanto que casi llegan al suelo. Cafeteras. Un poema que le escribí a mi madre en 1982 por el Día de la Madre: «Amor que como el rayo silba, callado...». Una foto mía de soldado. Otra de la familia al completo, en la que sonrío con el brazo apoyado en los hombros de Ángeles. Cajitas con bisutería. Carretes de hilo. Estampas de vírgenes. El rumor de los vecinos. Las plantas de la galería, mustias. El relato manuscrito que hizo de la familia Moga mi tía Germena, cuyo padre, Mauricio, fue maquis y murió en el Pirineo de un tiro por la espalda. Una caja llena de esferas de relojes. Carretes de hilo. Una llave inglesa. La taza, en forma de cabeza de pirata, que le traje de regalo a mi padre la primera vez que fui a Inglaterra. Una mecedora plegada en lo alto de un armario. Un libro gordísimo sobre Aragón. Fotos de mi abuelo en el balcón de la casa de Chalamera, cuando todavía era de adobe. El permiso de mi abuela para que mi madre, aún niña, trabajara en un oficio industrial. El olor añoso, pero aún amable, de la casa. Llaves que ya no sé a qué puertas corresponden. Un encendedor en forma de pistolita. Una foto de mi madre con dieciocho años, vestida como una *apache* parisina y con un cigarrillo entre los dedos (ella, que nunca fumó), de una belleza sobrecogedora. Fotos mías de carné dentro de cajas de cerámica, de vasos, de sobres. Carretes de hilo. Sombras. Destellos. Silencio.

[*Corónicas de Españia*]

Martes, 29 de diciembre de 2020

## DESEOS PARA 2021

Que las plantas no se me mueran. Comprar calcetines divertidos. Que mi madre no se caiga. Que se publique el poemario que debería haber aparecido en 2019. Dejar de usar mascarilla. Tomar menos azúcar. Hacer el amor alguna vez. Que nadie vote a Vox. Seguir escribiendo. Que se hagan menos videoconferencias en el trabajo, o que no se haga ninguna. Que Trump se marche. Que Maduro se marche. Que Bolsonaro se marche. Limpiar la plata. Aprender a planchar. Que Raphael se retire. No olvidar a quienes he amado. Que quienes me han amado no me olviden. No perder el tiempo. Que mi hijo encuentre trabajo. Viajar. No leer *Patria*. Tomar menos hidratos de carbono. Ir más al teatro. Que el Real Madrid baje a segunda. Que no se arrasen bosques, ni se llenen los mares de plásticos, ni nos envenenemos de productos químicos, ni los animales se asfixien en el invernadero de la Tierra. Que no se me olvide revisar el coche. Que los políticos digan algo, alguna vez, que merezca la pena. Salir, siquiera fugazmente, del caparazón de pensamiento que nos encierra a todos. Que el dolor no prevalezca. Que la declaración de la renta me salga a devolver. Ser capaz de intuir; ser capaz de compadecerme. Averiguar en qué contenedor de reciclaje hay que echar la madera. Evitar la grosería y el tópico. Ponerme alguna vez los zapatos que nunca me pongo. Que la gata no se me meta en la cama. No perder la alegría. Ser sincero solo cuando sea imprescindible: preferir la misericordia de la mentira a la descortesía de la sinceridad. Que los obispos españoles participen en el Día del Orgullo Gay. Que resuciten Manuel Vázquez Montalbán, José Luis Sampedro, Nelson Mandela. Volver a Extremadura. Escribir sabroso, lúcido, conciso, veraz. No odiar. Recordar los cumpleaños de la gente a la que quiero. No dejar que el yo me aplaste (ni que aplaste a los demás). Que se instaure la República. Cambiar la mesa de la cocina. Darme de alta en Netflix. Que se alcance la igualdad plena entre hombres y mujeres, pero que no se cometan injusticias por el afán de establecer la justicia. Leer más. Caminar diez mil pasos al día. Estar más cerca de los amigos (y así ellos, quizá, estarán más cerca de mí). Aceptar que todo es leve e incierto, que nada permanece, que hay que morir. No enseñar el islam, ni ninguna otra religión, en las escuelas. Escuchar a Maria Callas. Comprar bolsas de basura que no goteen. Que no me aturulle el patriotismo ni ninguna otra patraña colectiva. Que le den el premio Nobel a Antonio Gamoneda. Que en la televisión no haya solo basura. Que Federico Jiménez Losantos se haga monje trapense. Que los más de dos billones de dólares que el mundo gasta al año en armamento, se dediquen a tareas más provechosas. Habituarme a la incertidumbre y la contradicción. Que las lecturas de poemas no sean como misas. Reírme más, aunque no tenga ganas. Dejar de morderme las uñas. Encontrar un sitio donde guardar mis libros, las bicicletas oxidadas de mis hijos, la ropa que mi mujer no se ha llevado. No tirar comida. Decirle a la gente que quiero, que la quiero. Hacer testamento. No enemistarme con un amigo porque este se haya enemistado con otro amigo mío. Que los terraplanistas se den cuentan de que la Tierra es redonda (pero entonces no pasen a creer que está hueca). Que los independentistas catalanes comprendan su error. Que los independentistas españoles comprendan el suyo. Decidir si me opero de los juanetes. Dejar de pensar en quien ha dejado de pensar en mí; no querer estar con quien no quiere estar conmigo. Que la vacuna contra el coronavirus se extienda a toda la población; también a la de los países más pobres. Que el Ministerio de Cultura sirva para algo. Que la indignación no sustituya al raciocinio. Que se acaben los peajes de las autopistas catalanas. Obviar el sarcasmo y moderar la ironía, que aúnan la crueldad y el fracaso. Encontrar algún buen poeta en lengua inglesa al que traducir. Pasear más. Vivir.

[*Corónicas de Españia*]

Miércoles, 4 de noviembre de 2020
LA SOLEDAD

Que los libros parezcan, en los estantes, un ejército en formación. Beber *whisky*. No tener apenas erecciones. Que los ruidos sean estruendos. Que el papel en el que escribo sea una ventana opaca, un pasadizo ciego. Reparar en las plantas. Regarlas. Que las camisas estén más quietas que nunca. Que todo huela a mí. No poder enfadarme con nadie. No amar. Que salir a hacer la compra sea una aventura fascinante. Que lo que está cerca parezca estar lejos. Que lo que está lejos se aleje más todavía. Que cueste escribir. No ir al cine. Que lo que fue de otro aparezca fosilizado, pero todavía hable, y que lo que diga, aunque incomprensible, golpee el pecho, reblandezca el pecho. Que moverse sea solo desplazar un peso. Que ese peso sea enorme. Tener que conducir. Que se haga de noche antes. Que siempre sea de noche. Asistir con resignación al espectáculo de una pareja que se come a besos. Mirar siempre en el buzón, aunque casi nunca haya nada. Que solo los objetos me lleven la contraria. Que nunca haya un cepillo de dientes donde no ha de haber un cepillo de dientes. Hablar con la cajera del supermercado, con el vendedor que quiere endilgarme una oferta, con el vecino con el que apenas había intercambiado antes unas palabras, con la dependienta de la panadería, que tiene a la madre enferma. Que la tristeza sea tangible como el papel de cocina. Que los gestos sean gritos sofocados. Tener miedo de enfermar porque no haya quien me cuide. Comprar un rascador para rascarme la espalda por las noches. Recordar. Admitir a cada paso la derrota, pero no por eso sentirme más fuerte. Beber más *whisky* y que arda más el estómago. Que el futuro se convierta en un grumo gris, en un horizonte hueco. Que el presente se vuelva tenue como una gasa, pero pese como un camión. Que nada se mueva sin que yo haga que se mueva. Cambiar enseguida las bombillas que se han fundido, ordenar lo que ya está ordenado, separar minuciosamente la basura. Saber que en los espejos no hay nadie más que yo. Añorar lo que me disgustaba; desearlo. Que el silencio me zarandee como un vendaval de agujas. Ver unos pies y saber que son los míos. Recordar. Huir, aunque no salga del comedor. Acariciar perros desconocidos. Celebrar las insufribles videoconferencias. Beber algunas tardes ron (me gusta más que el *whisky*). Planear excursiones que nunca hago. Que todo me parezca idiota. Mirar constantemente el correo electrónico y el guasap. Leer en la prensa que hay docenas de cuerpos en los cementerios españoles, fallecidos por covid-19, que no ha reclamado nadie; que periódicamente se encuentra a gente muerta en su casa, semanas o meses después de fallecer; que en Gran Bretaña se ha creado un Ministerio de la Soledad para atender a los millones de personas que viven (y mueren) sin compañía. Admirar la fortaleza de mi madre, que enviudó a los cincuenta y tres. Que nadie me regale nada por mi cumpleaños. Que sea vital no dejarme nunca las llaves dentro de casa. Encender la televisión como quien acaricia una mano. Escribir mucho, aunque cueste. Seguir bebiendo. Respirar como un robot, afligirme como un robot. Acordarme de hacer todo aquello de lo que antes nunca me acordaba. No tener que recordar cumpleaños, santos, aniversarios, defunciones. Que casi nunca pase nada, aunque llegue el fin del mundo. No tener que fingir; conformarme con este bulto, con esta nada. Darme cuenta de que era feliz, pero no lo sabía.

No soñar. Que el pecho duela, que las uñas duelan, que duelan los bolígrafos y el dobladillo de los pantalones. Leer las *Epístolas morales a Lucilio* en busca de consuelo. Que nadie más ronque en la casa; que no suene otro despertador; que nunca se confundan las servilletas. Considerar las ventajas y los inconvenientes de suicidarme. Hacer mi santa voluntad. Que no haya adentro ni afuera, esperanza ni desespero, rutina ni excepción: que todo esté impregnado de la brea de mí. Que nadie me prepare un té. Descubrir que, en el fondo del desánimo, habita la pereza. Que el miedo me adopte como a un animal perdido; que me tatúe la piel como una tinta invisible. Que todo me parezca menos deseable, menos comprensible. Aullar sin abrir la boca. Navegar por el pasillo de casa. Escribir. Hacer testamento. Tener que encontrar yo solo las cosas que no encuentro. No tener prácticamente erecciones. Que casi todos los amigos con los que me veo estén separados. No recordar dónde están los guantes de jardinería, el limpiacristales para la ducha, la cesta de pícnic. Sentir que el sol asfixia. Que me espante morirme en la habitación de una residencia, frente a una pared blanca. Sopesar ponerme en contacto con aquel antiguo amigo con el que me juré que nunca volvería a hablar. Echar otro trago de *whisky*. Multiplicar las lecturas y que ninguna me interese. Que la cama me parezca más grande de lo que es. Que nunca esté hecha. Preguntarme si debería comprarme un perro. Que el tiempo se dilate como una membrana, y estalle, pero que ese estallido no conduzca a la muerte, sino a una dolorosa indiferencia. Verlo todo como el centinela desde la atalaya o el buzo dentro del traje. Convivir con una gata que me odia. Beber. La soledad.

[*Corónicas de Españia*]

Miércoles, 19 de agosto de 2020

## LLEGO A HOYOS

Tres cuervos en la copa de un castaño. Las chumberas rebosantes de higos. El cielo muy azul, rasguñado por la torre de la iglesia. La tierra verde, ocre, amarilla, negra. Una bandera arcoirisada en el balcón del ayuntamiento. Otra española, desteñida y desgarrada, enroscada al asta de la casa del deán. Los balcones atestados de plantas floridas en las casas de piedra de la plaza Mayor. El aire más fresco de lo que imaginaba. Una casa en construcción donde antes solo había un solar con maleza. Varias casas con el cartel de «se vende» ajado por la lluvia y el viento. Los árboles que entoldan la portada de la iglesia, frondosos y algo combados, afanosos de luz. Todo el mundo con mascarillas. Una gitana que pasa con una niña en un carrito; la niña me dice «¡hola!». El acento respingón de los extremeños. El arroyo casi seco. La plaza atiborrada de coches. Las terrazas de los bares atiborradas de veraneantes. Un gorrión que se me ha colado en la biblioteca y se ha cagado en el ordenador. El carnicero que ha puesto dos sillas a la entrada de la carnicería para que se pueda sentar la gente que ha de esperar fuera. Una prima política que me cuenta que su padre murió en marzo. Una vecina que no repara en mí, o que quizá no me reconoce. Un par de neorrurales que pasan con la ceñuda alegría de los de su gremio. Un anuncio de clases de yoga. Las inevitables avispas de las claraboyas. Los pasquines a las puertas de todos los establecimientos, que recuerdan la obligación de llevar mascarilla, ponerse gel higienizante y guardar la distancia de seguridad. El oxímoron de la calle Clemente y Guerra. Un tractor que pasa. La ropa tendida en los balcones, que ondea con el ábrego. La peña Bar Moe. Dos niños que se esconden, jugando, detrás de un contenedor. Perros que ladran. Gatos que miran. Un silencio espeso, blanco. Un guiri tomando fotos. Donde había un restaurante, ya no hay un restaurante. Una autocaravana enorme junto a la papelería. Zarzales que empiezan a tener moras. Un helicóptero amarillo. Familias que pasan mirando los dinteles, los ajimeces, los escudos heráldicos. Muros de piedra vieja casi caídos. La cría de lagarto que encuentro en la bañera. Ventanas que siempre estaban cerradas, abiertas. Los troncos rojizos de los alcornoques circuncidados. Los troncos todavía negros del incendio. Varios aviones cuyas estelas se entrecruzan en el cielo. El tañir de las campanas de la iglesia. Las señoras del pueblo que pasean juntas por la carretera y siempre dan las buenas tardes. La piscina natural, a la que, a esta hora de la tarde, todavía acude una familia para bañarse. El agua de la rivera, que baja lenta y festoneada de hojas. La casa vacía. La casa vacía. No sé si volveré.

[*Corónicas de Españia*]

Domingo, 17 de noviembre de 2019

## COSAS QUE MOLESTAN

Que un desconocido camine al mismo paso que tú y no se despegue de tu lado por la acera. Que los envases abrefácil no sean fáciles de abrir. Los hilillos que se despegan del plátano. Descubrir un hueso de aceituna ya chupado en la ensalada. Los niños llorones. Que Vox obtenga cincuenta y dos diputados en las Cortes. Que alguien ocupe el asiento del metro o el autobús en el que ibas a sentarte tú. Que te cobren diez euros en la tintorería por no haberte quitado las manchas de la ropa. La playa llena de plásticos. La estupidez. Que las cosas siempre se caigan allí donde sea muy difícil cogerlas. Que los pájaros te caguen el coche. Que se acentúe el adverbio *solo*. Tener que morir. Que, cuando lo llamas, el ascensor esté en el último piso. Que, cuando vas a incorporarte a una vía, el coche que venga por tu carril, si está lejos, venga deprisa, y, si está cerca, venga despacio. Que el Madrid haya ganado trece copas de Europa. El fútbol. No poder destrabar los corchetes del sujetador. Donald Trump. Despegar el plástico de las rodajas de embutido. Un coche aparcado en la acera. No tener preservativos cuando más los necesitas. Las erratas. Que el único periódico que no haya llegado, o que ya se haya agotado, sea el que venías a buscar. Que se derrame el agua de la tetera cuando te sirves el té. Tropezar dos veces en la misma piedra. Tropezar tres veces en la misma piedra. Tropezar cuatro veces en la misma piedra. Que se pegue el huevo frito. Que tu madre no te reconozca. Que el ateo lleve a sus hijos a un colegio católico. Que no haya papel higiénico. Que el nacionalista español acuse de nacionalista al nacionalista catalán. Un mosquito en la habitación. Cayetana Álvarez de Toledo. Que la televisión se estropee cuando van a tirar el penalti. Que la pizza esté fría. No acordarte de dónde has dejado el coche. Tener que pensar si lo que vas a decir puede condenarte a un linchamiento digital. Escribir a alguien y que no te conteste. La Navidad. Un orzuelo. Que nadie se acuerde de tu cumpleaños. Que no haya mesa en el restaurante. Que nunca te haya tocado el sueldo para toda la vida de Nescafé. Los agujeros en los calcetines. Pilar Rahola. Que le echen quinoa a la ensalada. El acento pijo. Que los telefonistas y vendedores digan «mi nombre es…», en lugar de «me llamo…». La adulación, la descortesía, la injusticia. Que la persona con la que hablas se te acerque mucho. Que a la persona con la que hablas le huela el aliento. Que te digan que la poesía no se entiende. Que haga frío. Que un grifo gotee. Que se dé más cariño a los perros que a las personas. Haber nacido. Que el libro de la biblioteca que has ido a buscar no esté en préstamo. Leer un poema en la boda de unos amigos con la bragueta abierta. Que el cartero traiga siempre los envíos certificados cuando no estás en casa. Las verrugas. Los bancos. Que no te respondan cuando dices «buenos días». Que las musulmanas se tapen. Marhuenda. Que un amigo al que le has aguantado los monólogos durante veinticinco años te diga que él es más dialogante que tú. La pintada subnormal en la pared limpia. Las frases mal construidas. Que el asiento en el que te sientas en el metro o el autobús esté caliente. La farfulla de los políticos. Las multitudes. El pelo de gato. Que te llame un vendedor de Orange, o de Endesa, o de la Mutua Madrileña, a la hora de la siesta. Que alguien más alto que tú se te siente delante en el cine. Que un perro parecido a un dinosaurio se te eche encima y su dueño diga que no hace nada, que solo quiere jugar. Que el helado se te deshaga. Que te asome un moco por la nariz. Que no haya pestillo en el váter. Que te cancelen el vuelo. Que el más capullo sea el que triunfe. Meter el pie en un charco. No acordarte del nombre de alguien a quien tienes que presentar a otro. Pegar sellos con la lengua. Que le sude la mano a quien se la estrechas. Que te la dé floja. Los polisílabos. Que en las tertulias y los debates políticos todos hablen a la vez. No encontrar las gafas. No encontrar las llaves. No encontrar el móvil. Envejecer. Descubrir que te has dejado la cartera en casa cuando vas a pagar la compra en el supermercado. Salpicarte la pechera de salsa de tomate cuando comes espaguetis. Hablar con alguien que no te mira a los ojos. Que un niño interrumpa la conversación que mantienes con alguien y que tu interlocutor te deje con la palabra en la boca para atender al crío. Los libros tirados en la calle. La unanimidad. Que tu mujer te diga que ya no está enamorada de ti. Las huelgas. Que alguien se hurgue los dientes con un palillo delante de ti. Estirarte la ropa y que se rompa. Que el otro tenga razón. Tenerla tú. Que ya no puedas leer sin gafas. Haber olvidado cómo se despeja una ecuación o se resuelve una raíz cuadrada. Que se te mueran las plantas. Que el peluquero hable de política. Que los políticos hablen de política. Que ya nadie diga «oír», sino todos «escuchar». Que el bolígrafo con el que vas a apuntar una información importantísima no tenga tinta. Que no te quepan los pantalones que te iban bien la temporada pasada. Que se hayan terminado los cruasanes. Que se corte la comunicación justo cuando le acabas de explicar al telefonista el largo y complejo problema por el que has llamado. Que se mastique con la boca abierta. Que se chupe el cuchillo. Que tu madre te llame a las tres de la mañana para decirte que se ha caído en casa. Oír el piano de los vecinos. Pisar una mierda de perro. La superioridad moral con la que se expresan los más idiotas. No poder dormir. Que no haya entradas. La Agencia Tributaria. Que escritores e intelectuales a los que has admirado voten a Ciudadanos, y hasta vayan en sus listas. La brevedad de la vida. Que echen poca carne al estofado y menos vino en el vaso. Que se crea en Dios. Que se alegue con orgullo ser súper sincero y decir siempre lo que se piensa. Que llamen a la puerta cuando estás en calzoncillos. Que la fruta parezca lozana y esté podrida. Los privilegios de que disfruta la Iglesia. Que los conductores no paren en los pasos de peatones. Que se fume en las terrazas. Que la piel se afloje y los testículos se distiendan. Que los anuncios de la Coca-Cola sean tan buenos. Que el agua de la ducha salga helada cuando la has puesto caliente o ardiendo cuando la has puesto fría. Pisar a quien baila contigo. Que te pise quien baila contigo. Una mancha de aceite en un libro. Que el único clavo que te falta en la caja de herramientas sea el que necesitas para colgar ese cuadro. Los Morancos. Los curas pederastas. Que no te incluyan en las antologías. Que el que se sienta a tu lado ocupe el reposabrazos antes que tú. Que te toque ser presidente de la comunidad de vecinos. Que se te empañen las gafas. Que no se comprenda la ironía. Los pistachos vacíos. Que alguien a quien detestas sea inteligente, o guapo, o rico. Que no te sirvan tapa con la cerveza. Que el agujero pequeño de la ropa se haga grande. Los peajes. Que quien te considera el amor de su vida no haga nada por estar contigo. Las jugadas tontas en el ajedrez. La Comic Sans. Que pidas la carne muy hecha en el restaurante y te la sirvan cruda. Que se acabe el plazo de alquiler del nicho en el que está enterrado tu padre. No acertar cuando tiras algo a la papelera. El estruendo de las motos. La reacción de la jauría a los artículos de Javier Marías. Que te deslumbren las luces largas. Los gritos. Los lazos amarillos en las oficinas de la Generalitat. Que te duelan siempre los pies. Las multas. Hacer al amor con alguien a quien no amas. La música ensordecedora con la que algunos circulan, con la ventanilla bajada. Que el editor te diga que no. Los que, en el autobús, el metro o el tren, no dejan de hablar por el móvil. Carles Puigdemont. Un verso mal medido. Hacer cola.

[*Corónicas de Españia*]

Domingo, 16 de junio de 2019

## QUÉ FEOS SOMOS

Unas piernas huesudas. Un calvo con guedejas desde el occipital hasta más allá de los hombros. Unos pies con chanclas. Un hombre tapizado de tatuajes. Una mujer tapizada de tatuajes. Uno con un aro en la nariz. Otra con un clavo en la lengua. Unas uñas fluorescentes. Un traje demasiado holgado. Un culo gigantesco, aprisionado por unas mallas al borde del reventón. Unas uñas sucias. Unas orejas de soplillo. Una nariz de boxeador. Unos labios naranjas. El nudo torcido de una corbata demasiado larga (o demasiado corta). Unos pechos enormes, que cuelgan hasta la cintura. Una barriga como una barrica. Los muñones que exhibe un mendigo. Unos pantalones que dejan ver los calcetines (o los tobillos). Unas piernas celulíticas, realzadas por una minifalda. Los pelos como cuerdas de guitarra que asoman por la nariz o las orejas. El babero de una papada. Dedos de los pies que divergen. Unos dientes amarillos. Unos codos como puñales. Los tríceps colgantes. Las bubas, las verrugas, los angiomas, los vitíligos. Una chica con botas de pocero. Un señor con tacones como Sarkozy (para parecer más alto, como Sarkozy). Una voz estridente, o gangosa, o arrastrada, o pija. Un punki. Uno con barba bayeta. Una maquillada como un oso panda. Uno con pelo en el pecho, los hombros y la espalda en camiseta de tirantes. Una adolescente con acné. Unos dientes separados. Unas piernas peludas. Una mujer con barriga (sin estar embarazada). Los músculos hipertrofiados de un (o una) vigorista. La palidez mortal de alguien. El vecino del metro que huele a muerto. Un bigote a lo Aznar. Una mora (o española) cubierta de los pies a la cabeza. Un gordo armilar. Una como una sandía. Alguien vestido con ropa de camuflaje y una pulserita con la bandera de España. Unas cejas como orugas procesionarias. Una cara sin cejas. Unos pechos inflados de silicona. Unos labios inflados de silicona. Unos pómulos inflados de silicona. La que pasa con uno de los parietales rapados, aunque con la sombra ominosa de lo que hubo, y todo el pelo echado sobre el otro. Un jipi de geriátrico. Una anciana pizpireta. La lorza que asoma entre el final de una camiseta sucia y el principio de un bañador viejo. Más pies con chanclas. La que come de una fiambrera en el autobús y mastica con la boca abierta. Pantalones como trapos de cocina. El que se rasca la entrepierna. El que se tira pedos mientras hace cola en la farmacia. Unas ojeras abultadas y sombrías. Unas gafas de azafata del *Un, dos, tres*. El que se laca el pelo. La que se lo carda. Unas medias con carreras. El que lleva una gorra de Supermercados Pérez y un reloj de oro que parece un despertador. El pelo verde. El turista con calcetines y sandalias. El unicejo. El hombre con anillos como pelotas de pimpón. Una mujer con bozo. Un belfo caído. El que tiene los dedos amarillos de tanto fumar. La perilla ridícula. Cadenas colgando por el cuerpo. El que se puebla las orejas de pendientes brillantes. Una mujer con el sobaco como un bosque. Al que le apesta el aliento. El que no para de sudar. El que se peina como Iñaki Anasagasti. La que usa pestañas postizas. Un hombre con tetas. Una mujer patizamba. Expresiones imbéciles. La que bosteza sin taparse la boca. El joven que lleva los tejanos por debajo de los glúteos y tiene que caminar con las piernas arqueadas para que no se le caigan hasta los tobillos. El que calza unas zapatillas deportivas de tres tallas más de la que le corresponden. La que lleva un sujetador demasiado pequeño para lo que necesita y de cada pecho hace dos. El que marca paquete. El que escupe al suelo. La que se hurga la nariz. El que lleva la raya en medio. El sesentón con melenita de adolescente. Al que, cuando habla, se le hacen pelotitas de saliva en los labios. La que no se depila. El que lleva manchas o restos de ceniza en la ropa. Un cuerpo fofo. Otro esquelético. Sudaderas, chándales, camisetas del Barça, camisetas del Sant Andreu. Una mujer, casi negra, con la piel apergaminada por haber tomado demasiado el sol. Un arco supraciliar propio de un neandertal. Una boca sin dientes. Una nariz de Cyrano. Unos ojos saltones. Unos ojos separados. El que va descalzo por la calle. El que se hace trenzas en la barba y las remata con un lacito rosa. La que pasea con unos pantalones cortos que no alcanzan a cubrir toda la nalga. El que anda siempre con el ceño fruncido. La de gafas de culo de vaso. El que pasea con un perro horroroso. La que se ha tatuado una mariposa en una teta. El que se ha tatuado un águila con las alas desplegadas en la espalda, debajo del cuello. Una que tiene bocio. Un legionario al que se le nota que ha sido legionario. Mechones entrecanos, desperdigados, enloquecidos. La que padece un abultamiento en el cráneo. El que no se quita nunca la colilla de un caliqueño de la comisura de los labios. Una bragueta abierta, por la que asoma el pico remetido de una camisa sucia. El que se peina como Elvis. Una otaku. El señor que lleva los pantalones a la altura de los sobacos. Mi cara en el espejo.

[*Corónicas de Españia*]

Viernes, 1 de marzo de 2019
ESCRIBIR

No anteponer adjetivos. Buscar el sustantivo que mejor designe el sentimiento o la cosa. Eludir los principios o las terminaciones iguales dentro de una misma frase o pasaje, a menos que la repetición persiga un efecto musical. Omitir toda información superflua; sobre todo, no utilizar los pronombres posesivos cuando la información sobre el poseedor es inequívoca. Procurar que el adjetivo siempre aporte información. Procurar que el adjetivo establezca con el sustantivo una relación polémica, que le inyecte tensión y ayude, así, a definirlo de nuevo. Cultivar la paradoja. Huir como de la peste de los adverbios en -mente (recordar que García Márquez no escribía nunca ninguno). Huir con más ahínco aún de los gerundios (dejarlos para los jueces, los registradores de la propiedad y los escribidores semianalfabetos). No explicar lo que sucede: dejar que suceda (o, mejor, hacer que suceda). No acentuar el adverbio «solo» a menos que haya ambigüedad con el adjetivo homónimo (y ni siquiera en este caso). Utilizar todo el diccionario y, si es insuficiente, inventar las palabras que se necesiten. No emplear jamás una frase hecha, excepto para destriparla o parodiarla. No incurrir en tópicos: no decir lo que todo el mundo dice, ni como todo el mundo lo dice. Escribir lo que se ve tanto fuera como dentro de uno. Subrayar los elementos sensoriales del lenguaje: arrancarle color, aromas, sonidos, formas. Recurrir a extranjerismos solo cuando –y mientras– no haya una correspondencia adecuada en el idioma en el que se escribe. Si se puede decir con menos palabras, decirlo con menos palabras. No hinchar las metáforas: ser exacto en la alucinación. El punto va siempre, siempre, fuera de los paréntesis y las comillas. Ser consciente de que también se escribe, con el eco de lo dicho o lo no dicho, en el blanco de la página. No tener miedo a contradecirse, si los opuestos expresados contienen verdad. En las enumeraciones, cuando algunos de sus elementos incluyan comas, separarlos con puntos y coma. Evitar vaguedades, imprecisiones y anfibologías. Evitar, por eso mismo, los puntos suspensivos. Cuando se esté enredado o no se sepa cómo continuar, poner un punto. No decirlo todo: la elipsis suma. Pero no renunciar a decirlo todo: la épica propulsa. Sorprender al lector (y sorprenderse uno mismo) con un giro inesperado, con una interrupción opulenta, con un desorden seductor. Procurar que las enumeraciones no disfracen una momentánea incapacidad para hilvanar la prosa (o el verso), sino que tengan entidad –sentido estético– por sí mismas. No alargarlas innecesariamente. Evitar la repetición de formas verbales –y sobre todo de las más aparatosas, como el pretérito pluscuamperfecto– en una misma oración o fragmento. Salpimentar con ironía, pero hacer que no solo recaiga en los demás, sino, en primer lugar, en uno mismo. Primar la naturalidad de la expresión: evitar caracoleos, forzamientos y tumescencias. Alternar frases largas y cortas. Fundir, en la justa medida, lo lírico y lo narrativo. Ser generoso, pero no manirroto, con los signos de puntuación. Servirse del «pues» ilativo, pero abominar del causal. Soltarse, desinhibirse, liberarse. Elegir palabras y construcciones que abran ventanas, posibilidades: que no solo transmitan ideas, sino que las creen. Lo preferible sigue siendo sujeto, verbo y predicado. Estimular la prosa (o el verso) juntando palabras que designen realidades muy alejadas entre sí, como constelaciones y lagartijas o prostitutas y colibrís. Jugar con el lenguaje, pero no hasta el punto de convertirlo en un mero juego. Sustituir de vez en cuando las conjunciones causales por los dos puntos. No olvidar que, como decía Borges, la literatura es un hecho sintáctico. No olvidar tampoco que los signos lingüísticos son arbitrarios, y que nuestras decisiones a la hora de elegir unas palabras u otras, o unas construcciones u otras, son discrecionales: nada es, pues, definitivo, absoluto o inmejorable. Promocionar el punto y coma; el punto y coma es el más sutil y enriquecedor de los signos de puntuación. Insuflar el tono que queremos: no dejar que el texto imponga el suyo. Ser restrictivo con las locuciones pronominales con «cual». Tener en cuenta que expresiones distintas producen efectos distintos y que, en consecuencia, nunca se debe elegir nada que no atienda al fin comunicativo que se persigue (a menos que, en medio del trabajo, decidamos cambiar de objetivo). Usar muchos conectores. Ser poco pudoroso: el pudor es un gran enemigo de la literatura. No temer la extensión, si el exceso es natural. Potenciar la coherencia del texto con paralelismos, resonancias e iteraciones. Escribir con entusiasmo, aunque sea la carta en la que anunciamos nuestro suicidio. Usar comillas angulares para citar. Desconfiar de los polisílabos y, cuando sean artificiosos, exterminarlos sin piedad. No decir «poner en valor», «empoderar» ni «yo pienso de que…». Consultar sin temor los diccionarios, los manuales, las enciclopedias. En general, preferir un sinónimo (pero no un sinónimo rebuscado) a la repetición de un mismo término (a menos que la repetición pretenda un efecto intensificador o que haya un par de líneas de distancia hasta que la palabra aparezca otra vez, en cuyo caso se puede ser indulgente). Evitar pleonasmos, redundancias y tautologías. Ser pródigo con el sintético y delicadísimo «cuyo». No temer los incisos, los excursos, las arborescencias, siempre que se integren con algún equilibrio en el devenir del texto. Mezclar lo abstracto y lo material. Mezclar lo grave y lo intrascendente. Deslizar arcaísmos y cultismos, pero también onomatopeyas y vulgarismos. Escribir de forma que el texto siempre se perciba actual, hecho hoy para la gente de hoy, pero también futuro, hecho hoy para la gente de mañana. No explicar los chistes. Tener cuidado con las hipérboles, no sea que aplasten la idea. Evitar las cacofonías: decidir en cada momento qué es una cacofonía. Decir con seriedad lo que se pretende gracioso. Decir con gracia lo que se sabe terrible. Preferir siempre arriesgarse a acomodarse. No perder nunca el aliento de la frase (o el verso): seguirlo hasta que se extinga. No acentuar los pronombres demostrativos. No abandonarse a la brevedad: puede convertirse en charlatanería. No usar mayúsculas en los nombres comunes, aunque designen cargos muy gordos o cosas muy importantes. Separar siempre los vocativos y los ablativos absolutos con comas. Practicar sin restricciones la interrogación, pero muy poco, o nada, la exclamación, que debe deducirse de la idea correctamente articulada. No temer lo soez: utilizarlo cuando sea la forma más directa y expresiva de decir lo que se quiere; lo soez es limpio (o nosotros tenemos que hacerlo limpio, utilizándolo). Evitar las perífrasis y los circunloquios. Recurrir a eufemismos solo cuando sea imprescindible (y determinar con sensatez cuándo es imprescindible). No gustar de ampulosidades: la grandilocuencia es un veneno («llaneza, muchacho, no te encumbres, que toda afectación es mala», recomienda maese Pedro en el *Quijote*; y Antonio Machado traduce con mucho tino «los eventos consuetudinarios que acontecen en la rúa» por «lo que pasa en la calle»). Preferir los términos específicos a los generales. Preferir que nos fusilen al amanecer contra la tapia de un cementerio a utilizar el adjetivo «mismo» para sustituir un sustantivo que se acaba de mencionar. No utilizar verbos vacíos. No dejar nunca de leer. No dejar nunca de corregir. Escribir como si se amasaran las palabras, como si fuéramos a estamparles un beso en los morros o acariciarles las nalgas, como si fuesen un cuerpo amado. Pero recordar que la literatura no tiene importancia. Recordar que, por bien que escribamos, todo queda en nada.

[*Corónicas de Españia*]

Sábado, 21 de abril de 2018
945 KM

Las dehesas verdes y amarillas de Cáceres. El cielo azul, arañado por cigüeñas y rapaces. Una furgoneta que invade el carril rápido por el que voy a adelantarla y me obliga a un frenazo brusco. El conductor de la furgoneta invasora al que por fin adelanto, que está hablando por el móvil. El apiñamiento pétreo de Trujillo. Teresa, de la que me despedí ayer. Gema, de la que también me despedí ayer. Un camión que va a salir por una salida, pero que se da cuenta de su error cuando ya ha iniciado la maniobra y vuelve de golpe al carril por el que circulo. Cuerpos de animales muertos en la calzada. Peones rellenando los boquetes del firme. El sol. El olor a gasolina en la estación de servicio. El olor cáustico de los retretes. Los muchos camiones en la carretera: cuando uno adelanta a otro, todo parece inmovilizarse. Almazaras. Fábricas y almacenes de productos del campo. La muralla azul de Gredos, encrestada de nieve. The Golden Gate Quartet, que enamoraba a mi padre. El parador de Oropesa, donde tantas veces hemos comido, enfrentado a las montañas de aristas blancas. Coches que pasan a 160 o 180 km por hora. Una patrulla de la Guardia Civil de tráfico que llega a la autovía y hace que todos reduzcamos: a su alrededor vamos en procesión, durante muchos kilómetros, sin que nadie se atreva a superar los 120 km. Un café con leche en un establecimiento atendido por una ucraniana y una dominicana: mientras me lo tomo, respondo a los correos de quienes me dicen adiós. La M-40. Mi error en la última salida y mi confusión en las calles de Madrid: he de actualizar el GPS. Los kilómetros y kilómetros en los que se mezclan los campos pelados, las instalaciones fabriles y las empresas *high-tech*. El *Concierto para piano núm. 23* en la mayor, KV488, de Mozart. La ciudad dormitorio, apenas visible, de Guadalajara. El Área 103, un camarero que me pregunta cuando me da la carta «¿postre o café?» y unos canelones metafísicos. Castillos. Santa María de Huerta. Los que llegan a más velocidad que yo cuando estoy adelantando y circulan a pocos centímetros del parachoques trasero. El que adelanta por la derecha, aunque intento impedírselo acelerando todo lo que puedo: como su BMW es más potente que mi Toyota, se cuela como una exhalación entre mi morro y el vehículo de su carril. The Chordettes y el *Concierto para oboe en re menor, opus 9, número 2*, de Albinoni. Las casas marrones de Calatayud, donde nació Marcial (el poeta latino, no el jugador del Barça). El parque eólico de La Muela, cuyos aerogeneradores me recuerdan a bestias prehistóricas. Un toro de Osborne entre los neomolinos blancos. (La Muela, uno de los Ayuntamientos más corruptos del país: veintinueve personas fueron condenadas en 2016 a más de cien años de cárcel por delitos urbanísticos: el maná de la energía eólica ha resultado en una intoxicación masiva). El nudo viario de Zaragoza, que estrangula al Ebro, monstruoso y aceitunado. El meridiano de Greenwich y el arco con que se hace visible por sobre la autovía. Las estepas torturadas de los Monegros, invadidas de repente por la huerta –por el oasis– del Cinca y su tributario, el Alcanadre, en los que tantas veces me he bañado. Fraga, a poca distancia del pueblo de mi madre. La dependienta de un área de servicio que habla por el móvil y –ahora me doy cuenta– lo hace en catalán. El sol declinante. La espalda dolorida. Los cúmulos rocosos (y, para algunos, sagrados) de Montserrat. La espesura del tráfico. El peaje de Martorell y los túneles de Vallvidrera. Las esteladas y las pintadas independentistas aquí y allá. Sant Cugat. Ya estoy en casa.

[*Corónicas de Españia*]

## [LOS ÁNGELES…]

Los ángeles colman de claridad a los ciegos.
Los ángeles arrojan los cabos a los que se sujetan los náufragos y los desfallecientes.
Los ángeles desarrollan algoritmos para pesar la luz.
Los ángeles observan el entramado de la perversidad y lo destejen con las alas.
Los ángeles son altos como la hierba e inmortales como los amaneceres.
Los ángeles asedian el país de la sinrazón para conquistarlo con las huestes de la misericordia.
Los ángeles enlucen de insumisión los rostros enlutados de los humildes y embrean de lascivia los labios lívidos de los analfabetos.
Los ángeles presentan batalla a la nada y la derrotan por incomparecencia.
Los ángeles se resarcen de la inmovilidad enseñando a volar a los pájaros.
Los ángeles llamean sin fuego.
Si quiero que los ángeles vengan en mi ayuda, solo he de tararear el *Concierto para oboe en re menor, opus 9, número 2*, de Tomaso Albinoni.
Los ángeles propician que se besen los sexos, se anuden las lenguas y se arracimen las sangres.
Los ángeles se examinan de matemáticas para no tener que conjugar el verbo «morir».
Los ángeles no se dejan intimidar por los biempensantes.

Los ángeles estrangulan a las hormigas y los fantasmas.
Los ángeles desmontan la maquinaria de la crueldad y revelan sus mecanismos a una grey de pordioseros y enajenados.
Los ángeles desvían los rayos negros del tiempo y se entregan a la oscuridad radiante del ahora.
Los ángeles solo se extralimitan cuando aman.
Los ángeles cosen los botones de los muertos para que los vivos no vayan desnudos.
Los ángeles no se apartan cuando las cosas echan a andar, ni se guarecen cuando graniza.
Los ángeles copulan con el vigor de los espectros y el encarnizamiento de los sauces.
Los ángeles carecen de documento nacional de identidad.
Los ángeles destierran a los verdugos a donde nunca más puedan volver a atarse los zapatos.
La intemperie es el hogar de los ángeles.
Los ángeles liban el néctar de las piedras y burlan la perfidia de los escualos.
Los ángeles amamantan a los hijos.
Los ángeles combaten la soledad como si la soledad no existiera.
Los ángeles renuncian a agonizar.
Los ángeles son puros como el acero y despiadados como la noche.
Los ángeles susurran luz cuando cerramos los ojos.
Los ángeles dicen verdades como si crecieran pámpanos.
Los ángeles asordinan el fragor de la tormenta con el frufrú de sus túnicas.
Los ángeles no adoctrinan.
Los ángeles no dan cuartel.
Los ángeles no piden cuartel.

Los ángeles no lloran.
Los ángeles huyen de la vileza como los abejarucos de los espinos.
Los ángeles derraman lágrimas como azudes, porque la bondad es dolorosa.
Los ángeles andan desnudos por casa, no vaya a ser que los descubran indecorosamente vestidos.
Los ángeles duermen de lado para que no se les arruguen las alas.
Los ángeles no tienen alas.
Los ángeles cuentan con los pies y bailan con las manos.
Los ángeles, cuando están lejos, nunca llaman a cobro revertido.
Los ángeles derogan las leyes que les disgustan y las sustituyen por hogazas de pan.
Los ángeles siempre recuerdan a quienes hemos olvidado, y a nosotros cuando nos han olvidado.
Los ángeles se quitan el reloj, lo dejan en la mesa cuando se sientan a escribir y ya no vuelven a ponérselo.
Los ángeles gastan zapatos de jade y perfumes de incendio.
Los ángeles nunca gritan: se limitan a respirar.
Los ángeles estrechan la mano de los forajidos y los perturbados.
Los ángeles reciben la ayuda de los martirizados y los perros.
Los ángeles llaman a la puerta como si pidiesen perdón, pero entran en todas partes como si hubiesen descubierto un océano.
Los ángeles no huelen.
Los ángeles no aspiran a la eternidad.
Los ángeles tienen pechos de trementina y hoguera.
Los ángeles nunca se echan la siesta a la sombra de árboles que no den fruto.

Cuando ven cuadros de Vermeer, los ángeles se sienten en casa.
Los ángeles son hijos de otros ángeles que nacieron después de ellos.
Los ángeles toman nota sin descanso de cuanto pueda esclarecer su estirpe y su porvenir.
Los ángeles levantan tabiques para que los ruidos del mundo no perturben el sueño de los bienaventurados.
Los ángeles padecen la lepra y la indignidad.
Los ángeles no reaccionan a la presencia de los rufianes, pero sudan cuando sienten llegar la madrugada.
Los ángeles solo encuentran consuelo en la incertidumbre.
Los ángeles huelen a trigo candeal.
Si los conminan a deponer su actitud, los ángeles se mueren de risa.
Los ángeles son pararrayos sin rayos.
Los ángeles no saben contabilidad. (Tampoco astronomía).
Los ángeles escriben poemas en idiomas que desconocen.
Los ángeles sacan punta con los dientes que no tienen a los lápices con los que escriben poemas en idiomas que desconocen.
Los ángeles se entristecen cuando se canta victoria, cuando se firma una escritura notarial, cuando se tiene razón.
Los ángeles incoan pájaros.
Los ángeles solo acuden a juicio si quien los convoca está desnudo.
Los ángeles combaten la aflicción persuadiéndose de que lo que la causa no existe; cuando no funciona, se convencen de que ellos tampoco existen.
Los ángeles fingen creer en Dios, pero saben que no existe.
Ningún ángel ha hecho nunca el servicio militar.
Los ángeles sueñan, pero jamás se despiertan.

Los ángeles eyaculan pan y piedad.
Los ángeles menstrúan.
Los ángeles añoran el diablo que fueron antes de ser ángeles.
Los ángeles se alborotan siempre que una serpiente repta a un pupitre, pero acaban invitándola a merendar.
Los ángeles vuelan como alondras, pero no saben por qué, ni a dónde, ni desde cuándo.
Los ángeles atormentan al desamparo y desguazan la injusticia.
La transparencia es a los ángeles lo que la velocidad a los barcos.
Los ángeles cultivan zarzas que dan miel.
Los ángeles se enfurecen cuando alguien muere; también cuando nace.
Los ángeles no se amilanan ante quienes esgrimen la maledicencia o practican la barbarie.
Los ángeles no conciben otro límite que lo infinito ni más pasión que lo inmediato.
Los ángeles persiguen a los ladrones como si les hubieran robado los ojos.
Los ángeles, cuando tropiezan, no caen.
Los ángeles, cuando caen, se adentran en el suelo.
Los ángeles destruyen lo que la abominación ha construido.
Los ángeles escupen al fascismo.
Los ángeles se lavan los dientes con relámpagos.
Los ángeles regalan tibieza a quien no tiene piel.
Los ángeles bailan con san Juan de la Cruz.
Los ángeles no necesitan leer el manual de instrucciones para abrazar.
Hay ángeles tontos; los de la guarda son los más tontos de todos.
Los ángeles navegan por las aguas del firmamento.

Los ángeles nunca se olvidan las llaves ni las gafas: solo el cuerpo.
Los ángeles desayunan ambrosía y silencio.
Los ángeles tosen sombras.
Para lamentarse, los ángeles esperan a que nadie los oiga.
Los ángeles no desmerecen de los elogios inmoderados que les hacen.
Los ángeles se pasan la noche en vela para no despertar a nadie con sus aleteos.
Los ángeles miran al microscopio como si analizaran los bordes irrestañables de una herida.
Los ángeles leen novelas, pero nunca van a la ópera.
¿Qué ángel ha derribado nunca una flor?
Los ángeles practican la templanza, pero también la impureza.
Los ángeles pasean por el campo, aunque no tengan pies, aunque no haya campo.
Los ángeles desaprueban la grosería y el ensañamiento.
Los ángeles beben cinco litros de agua al día.
Los ángeles felan.
Los ángeles se congratulan cuando un esclavo destripa a su amo o una puta castra al chulo que la embrutece.
Los ángeles rehúyen el agua fría y los pantalones ajustados.
Los ángeles no hacen testamento, porque solo poseen el cielo.
Los ángeles nunca comen sin mantel de tela.
Los ángeles se suben a los árboles como si no tuviesen copa y pudiesen seguir escalando hasta las raíces.
Los ángeles aúllan en lugar de reír.
Para los ángeles, leer un poema es como mirarse al espejo.
Los ángeles resuelven los análisis sintácticos con sextante y cartabón.

Los ángeles se comen las cerezas con hueso.
Los ángeles solo tienen hijos varones.
A los ángeles les ofende tanto la pobreza como la inelegancia.
Los ángeles son los poetas del más allá.
Los ángeles expurgan la maldad y espulgan la concordia.
La casa de los ángeles es la transparencia.
Los huesos de los ángeles son de viento.
Los ángeles desmantelan las habitaciones del resentimiento con los aparejos de la inocencia.
Los ángeles se aventuran por los peores barrios solo si los acompaña alguien sin mácula: un borracho o un ajusticiado.
Los ángeles leen a Saint-John Perse con la esperanza de rehacer el mundo; y también a María Zambrano, con la de rehacer la inteligencia.
Los ángeles se psicoanalizan.
Los ángeles nacen a contraluz, silban a contrapelo, reman a contrapié.
Los ángeles agotan resmas de papel para escribir un microrrelato.
Los ángeles exudan resina en la que quedan atrapados otros ángeles.
Los ángeles hacen la compra una vez al milenio.
Los ángeles se duermen siempre ante el televisor.
Walt Whitman era un ángel.
Nada consideran innoble los ángeles: juzgan legítimo todo lo existente, aun lo fatal.
Los ángeles nunca corren las cortinas, porque no les importa que los vean haciendo el amor. (Es más, les gusta).
Los ángeles se van de montería por dehesas ilimitadas.
Los ángeles solo leen libros escritos con sangre.
Los ángeles siempre quedan a trasmano.

Los ángeles son mortales.
Los ángeles no mueren.
Los ángeles aman.

[Poema II de *Tú no morirás*, 2021]

Que las puestas de sol sean diferentes. Dormir mal, pero que no importe. Prepararlo todo minuciosamente, para que luego todo salga distinto. Estudiar mapas que no se comprenden. Caminar. Que el enchufe que te has llevado no sea el adecuado. Oír ruidos diferentes. Aspirar olores desconocidos. Rehuir a los compatriotas. Buscar a los compatriotas. Comprar una guía en Altaïr. Seguir caminando. No entender nada. Refrenar la tentación de compararlo todo con casa. Cambiar moneda. Que te duelan los pies. Hacer cola, incluso cuando no es necesario. Que te pidan propina por cualquier cosa. Visitar museos. Caminar. No saber qué dice la carta en los restaurantes. Comprar sándwiches en el supermercado y comértelos en un banco. Quedarte dormido en los parques. Admirar lo grande, lo pequeño, lo distinto, lo mismo. Perderte en las calles. No dejar de caminar. Que te timen en los cafés, que te timen los taxistas, que te timen con la cuenta del minibar o el teléfono del hotel, que te timen. Visitar parques nacionales. Que te hayas olvidado justo eso que necesitas. Llevar siempre el pasaporte encima (o dejarlo en la caja fuerte del hotel). Que te pierdan la maleta en el aeropuerto. Advertir cómo viste la gente, cómo tiene la dentadura, qué zapatos gasta. No saber en qué parada has de bajarte. Aprender a decir «hola», «gracias» y «adiós». Darte cuenta de que los seres humanos son los mismos en todas partes. Sobrevivir. Descubrir que ni tu dolor ni tu felicidad cambian por el solo hecho de cambiar de lugar. Sorprenderte por lo caro o lo barato que es todo. Hacer fotos. Que se te enciendan los ojos; que se te multiplique la piel. Comprar botellines de agua y bebértelos mientras caminas. Buscar un restaurante con espectáculo para cenar. Ser otro, sin dejar de ser tú. Buscar lugares con wifi. Respirar más hondo. Usar medios de transporte que jamás habías utilizado (ni pensado que utilizarías). Que la maleta se llene de ropa sucia. Que el tiempo no pase a la misma velocidad. Desear volver. Desear quedarte. Viajar.

[Texto de contracubierta, 2021]

## VENTAJAS E INCONVENIENTES DEL SUICIDIO

*No hay más que un problema filosófico verdaderamente serio,*
*y ese es el suicidio.*
Albert Camus, *El mito de Sísifo*

### VENTAJAS

No tendría que coger un tren abarrotado todas las mañanas para
ir a trabajar.
No tendría que ir a trabajar.
No contaría, desde la cama, los grumos de oscuridad que me
asedian por la noche, ni los vería sonreírme, como polillas
enormes.
No sentiría la oscuridad mordiéndome los dedos de los pies y
subiéndome por el espinazo hasta estallar dentro, donde los
pulmones.
No vería cómo los cuerpos de las personas que me rodean se
pudren.
No tendría que ir a la farmacia a comprar los medicamentos que
impiden que se pudra el mío.
No tendría que esperar a que me dieran mesa en un restaurante.
No sentiría la levedad deshacerme los huesos, obstruirme la
tráquea, arrancarme los testículos.
No pasaría los días sentado frente a la nada.
No sufriría por no haber escrito un poema en mucho tiempo.
No escribiría poemas.
No me dolería recordar a quienes han muerto.
No tendría que ir al dentista, ni quitar el polvo de los libros,
ni soportar que se llenen de ronchas de óxido los espejos.
No conviviría con la idiotez.

No tendría que pasar la ITV del coche.

No tendría que oír las escalas que el vecino del primero practica implacablemente al piano.

No vería cómo se me mueren las plantas.

No tendría que comer solo en Navidad y cenar, también solo, en Nochevieja.

No me dejaría medio sueldo en algo tan frágil y perecedero como los libros.

No tendría que ir a hacer pesas a un gimnasio ruinoso.

No tendría que desatascar el váter.

Nadie volvería a decirme nunca que no.

No añoraría a quien me repudia.

No necesitaría hablarle a la cajera del supermercado porque llevase días sin hacerlo con nadie.

No sentiría el tiempo perderse por el desagüe de los días.

No se me estropearía la lavadora, ni la impresora se quedaría sin tinta cuando estuviera imprimiendo un documento importante.

No tendría que cargar con un pene indolente, reacio a la refriega.

No me cruzaría con la odiosa vecina del tercero, que, además, es feísima.

No me decepcionaría releer libros que me entusiasmaron la primera vez que los leí.

No tendría que planificar, al levantarme, en qué voy a ocupar la jornada, ni salir a pasear para desentumecer un cuerpo baldado por la inactividad.

No pensaría en la muerte, ni tendría miedo a morir.

No tendría que sonreír cuando no quisiera sonreír, ni llorar cuando se esperase de mí que llorase.

No sufriría atroces calambres en la cama.

Se extinguiría la incertidumbre.
No tendría que privarme de la tarta sacher, de la morcilla de Burgos, de las patatas bravas.
No sentiría las horas echárseme encima, despacio, como un manto de lava y vacío.
No evitaría mirar fotos para ahorrarme la tristeza.
No pagaría impuestos.
No sería cruel, ni mentiría, ni manejaría por interés a mis semejantes, ni me mostraría indiferente a su sufrimiento.
No tendría que afeitarme.
No me preguntaría por qué hay que vivir, para qué hay que vivir.
No tendría que ser educado; no tendría que agradar.
No me preguntaría quién es ese, cansado, arrugado, que me mira desde el espejo, o que camina a mi lado, o dentro de mí.
No envejecería.
No tendría que negociar nada con nadie; no habría de transigir.
No sentiría envidia.
Tampoco el peso del yo: su espesor ominoso, su gruesa tiniebla, su despótico imperio.
No tendría que hacer trámites digitales, ni despachar con robots telefónicos.
No creería que nada existe, que todo pasa: que la realidad se consuma y desaparece en el mismo instante en el que sucede.
Dejaría de tener esperanza, esa mala puta.

## INCONVENIENTES

Elegir la forma de hacerlo: cortarse las venas lo deja todo perdido, y no quisiera poner a mis hijos en el brete de recoger con una fregona la sangre de su padre muerto; para dispararse en la boca o en la sien hace falta un arma de fuego que no tengo ni sabría cómo conseguir; ahorcarse requiere un soporte firme que no ceda a mi mucho peso («dadme un punto de apoyo y moveré el mundo», dijo Arquímedes; dádmelo a mí y me acabaré para el mundo, digo yo) y del que mi piso carece (además, el estrangulamiento afloja los intestinos y produce erecciones *post mortem*, dos consecuencias desagradables que me gustaría ahorrar a forenses y allegados), aunque siempre podría colgarme de la reja de una ventana callejera, como hizo Nerval; arrojarse al vacío no asegura el resultado (y puede que conduzca a una situación mucho peor, en una silla de ruedas o lelo para siempre, que la que se pretendía evitar); hacerlo a las vías del tren es una descortesía para con los viajeros; e ingerir una sustancia letal exige un asesoramiento científico que no estoy seguro de lograr, ni de que me garantice un final óptimo, sin incertidumbre ni agonía. (Aunque siempre queden opciones más ingeniosas, como la de Virginia Woolf en el río Ouse: llenarse de piedras los bolsillos del abrigo y meterse en las aguas. Pero ¿en qué río haría eso? ¿En el Llobregat?).

No tendría vacaciones; ni siquiera libraría los fines de semana.

Los ataúdes son muy estrechos: no podría rascarme la espalda, ni acomodarme la entrepierna, ni rebullir.

El silencio sería, de tan compacto, doloroso.

No vería cuerpos de mujer, ni álamos mecidos por el viento, ni atardeceres.

No leería a san Juan de la Cruz, ni a Marcel Proust, ni a Alejandra Pizarnik.

Nadie me diría nunca que sí.

No sentiría el calor de las sábanas las mañanas de invierno.
Serían imposibles el café con leche y el *gin-tonic*, el gorgonzola y el *tête de moine*.
No sentiría la satisfacción de haber escrito un poema, aunque fuese malo.
No podría ayudar a nadie.
No acariciaría pechos, ni lamería vulvas.
No me acompañaría el calor de establo que desprende el latido, la tibieza maternal de las cosas que nos arropan, la alegría animal de respirar.
No sentiría el pálido fulgor de la conciencia, aunque no estoy seguro de que esto sea un inconveniente.
Tampoco el consuelo de las palabras, que pueden ser inicuas, pero también sanadoras.
Sería pasto de los gusanos antes de tiempo.
Bajo tierra, hace frío.
Me envolvería la nada: me colmaría. (La nada sería tanta que ni esta frase sería cierta: no habría nada que envolver; yo ya no ostentaría la condición de algo que pudiera ser envuelto; la nada prevalecería, total, arrolladora en su inexistencia).
Nadie me diría «te quiero», aunque fuese mentira.
Nadie pronunciaría mi nombre.
Nadie vendría a visitarme, salvo, quizá, las escolopendras.
No podría ducharme.
No sentiría el placer del grafito del lápiz rasguñando el papel cuando escribo un verso.
No vería crecer las plantas.
No me encontraría con los amigos para tomar una cerveza y charlar un rato, mientras la tarde pasa.

No vería a mi madre, sin pelo ya, pero sonriendo, en el retrato
que conservo de ella en el dormitorio.
No recordaría a las mujeres que he amado.
No escucharía los conciertos para oboe y violín de Albinoni, ni
*Kind of Blue*, de Miles Davis.
No sabría qué ha sido de mis hijos.
No podría celebrar que hubiese justicia, alguna vez, en el mundo:
por ejemplo, que Gadafi fuera linchado, o que Slobodan
Praljak se suicidara al escuchar el veredicto en su contra
del Tribunal Penal Internacional para la Antigua Yugoslavia, o que Franco fuese exhumado del obsceno monumento
a su victoria.
No me preocuparía el destino de mi biblioteca tras mi muerte.
Me salen más ventajas que inconvenientes.

[De *Hombre solo*, 2022]

## A VECES ME DAN GANAS DE GRITAR

Abandonad las cuevas en que copuláis
Arrancad los enchufes de las paredes
Arrancad las paredes
Dimitid de los jardines que son cárceles, de las mansiones donde os pudrís confinados
Renunciad a la pestilencia
Olvidaos de los fedatarios públicos, de los censores jurados de cuentas, de los inspectores de Hacienda
Negaos a escuchar los bulos indecentes de los contramaestres
Destruid las fotocopiadoras
Desobedeced a los agentes de la autoridad que os ordenen deponer la piedad
Caminad derechamente al infierno
No asintáis
No consintáis
Colmaos de soledad
Derramad la inteligencia como si echarais un balde de agua a un suelo ensangrentado
Contemplad a Turner
Compadeceos del que arrastra haberes, como el buey arrastra anocheceres
Demoled los edificios en que se guarecen los clérigos y los babuinos
Construid casas donde vivan los que nunca han vivido, los que nunca han tenido casas, los que no saben qué es una casa
Alejaos de los hormigueros y las certidumbres

Leed a Juan de Yepes, a Paz, a Juan Ramón
Bautizad con fuego a los que, con serenidad de ánimo y sin reserva mental alguna, echan espumarajos por la boca
Lanzaos contra las alambradas del silencio
Escuchad las *Variaciones Goldberg* en los dedos de Glenn Gould
Remontad, aun sin remos, los ríos de la compasión
Hablad como si no tuvierais mugre en la boca
Cancelad el usufructo de vuestra conciencia de que disfrutan los católicos practicantes y los fabricantes de electrodomésticos
Preguntad quién vive, quién muere
Preguntaos quién
Contemplad a Vermeer
No dejéis que os despojen de la desnudez
Desenmarañaos
Escupid en las estatuas ecuestres y las placas conmemorativas
Dinamitad lo que no se pueda lamer, lo que no quepa en el hueco de la mano, lo que nunca sangre
Afilad los lápices
Engrosad la misericordia
No tengáis ningún trato con los poseedores de la verdad: os pringarán con ella
Recordad que las palabras sudan, que eyaculan
Bañaos en el mar como si os adentrarais en un vientre
Estremeceos ante el dolor de las tortugas y las secuoyas
Dormid cuando el mundo se encolerice
Leed a Whitman, a Aldana, a Zambrano
Atended a los que acuchillan el tiempo y siembran la desazón
No permitáis que el inicuo se escabulla
Apagad los espejos
Desollad los teléfonos

Leed a Perse
Esclavizad a los que niegan el agua a los ciegos y el pan a los sedientos
Creed en los desvalidos y en los muertos
Consolad a los pararrayos y los sepultureros
No queráis vivir siempre: la eternidad empacha
Mutilad lo que no se pueda trocear
Dilapidad aquello de lo que carezcáis
Arañad las superficies hasta que aparezca un rostro, hasta que brote la oscuridad, hasta que vosotros mismos ocupéis la fisura que hayáis abierto
Documentad el rumor de los labios que se unen a otros labios, el crepitar de las pieles cuando las iluminan los relámpagos, el quejido de los huesos cuando los cuerpos se separan
No digáis más de lo necesario: las demasiadas palabras embotan la inteligencia
Salid a la intemperie de los pechos y las humillaciones
Salid a la luz de la noche
Abjurad de cuanto hayáis jurado
Plegaos a la obscenidad, si solo la obscenidad garantiza la decencia
Derramad aceite hirviendo en las cuencas vacías de los ojos de los poderosos
Desnudaos
Comed viento
No capituléis ni cuando muráis
Desestimad la untuosidad y la hipocresía
Encended las luces para que brille el sol
Derrochad lluvia
Escuchad el *Ave María* de Caccini

Castrad a los mercaderes, y luego amadlos
Liberad a los perros
No piséis los juzgados, salvo para sembrarlos de sal
Haced el amor con los que pasen por la calle, con los vecinos, con los vendedores de altramuces, con los taxistas y los estibadores, con los huérfanos y los gorriones, con las personas sin sexo
Navegad por las aguas que más bajíos contengan
Derrotad a las relaciones de producción, a la tasa anual equivalente, a la dictadura del proletariado
Masturbaos a menudo, con tenacidad, con benevolencia
Gritad cuando convenga, pero nunca hiráis a nadie con el grito
Burlad las ordenanzas aduaneras, los manuales de instrucciones, los convenios colectivos
Utilizad la bandera de mantel de pícnic, de esterilla de baño, de papel de estraza
No consideréis el suicidio, salvo en todo momento
Velad a los muertos
No confiéis en los que se adornan con crisantemos y sílabas
Cortadles los pies a los desalmados
Sacad del pozo a los que se ahogan en el mar
Condescended a la contradicción, si contiene verdad
Cultivad la contradicción, porque la contradicción os hará libres
Perdonad a los padres por haberos traído al mundo
Confiad en que los hijos os perdonen por haberlos traído al mundo
No transijáis con Dios; no admitáis a Dios
No renunciéis a la clemencia ni al vino
Haced del vacío vuestro hogar
Asomaos al yo con la conmiseración de un filántropo y la curiosidad de un gato

Increpad a quienes no se hayan manchado nunca, a quienes se acorazan de orden, a los alféreces de la felicidad
No juzguéis el amanecer: bebéoslo
Amordazad a los *coaches*, y, si es necesario, encerradlos en el sótano
Denunciad la clausura de los asilos y la inauguración de las jaurías
Envejeced riendo
Acariciad el rostro de quien améis como si hubierais de morir mañana
Quered a los hijos, porque ellos os enterrarán
No os abstengáis de razonar, aunque la razón produzca monstruos
Recomponed las olas que rompan los rompeolas
Bendecid el dolor, porque nos revela al mundo
Maldecid el dolor, porque todo dolor es injusto
Sumíos en la conciencia como si avanzarais por un cenagal
Sodomizad a los predicadores
Echad los censos enfitéuticos a la hoguera, arrancadles la lengua a las notificaciones de embargo, devastad las ciudades de la opulencia
Rebanad el ruido
Deteneos a considerar quiénes sois, por qué late el corazón, cómo sobreponerse a la ignominia
Leed a Juarroz, a Epicuro, a Vallejo
Votad a quien prometa que el sol saldrá mañana y que después llegará la noche
No votéis
Borraos las yemas de los dedos para que no queden huellas de vuestros amores ni de vuestras claudicaciones
Creed en el cielo de la materia

No hagáis nada sin alegría
Hurgad en los sexos como si los dedos fuesen raíces, como si la lengua fuera una lombriz
Perdonad
Perdonaos
No deis poder a los imbéciles, ni cuartel a los verdugos
Enviad lo superfluo al abismo
Desamparad a quienes agravian a los desamparados
Escuchad el *Adagio para cuerdas* de Barber
Alimentad a quien no tenga boca
Caminad por el borde para caer en el centro
Pisotead la vileza y extinguid sus rescoldos
Avivad el incendio de la benevolencia
Escuchad a las flores
Leed a Proust, a Neruda, a Celan
Venerad lo impuro
Dudad
Rebelaos

[De *Todo queda en nada*, inédito]

## [UNO CON ASPECTO DE CONTABLE...]

Uno con aspecto de contable. Un *runner*. Una mujer que entra en el supermercado. Otra que sale del supermercado. Un niño revoltoso. Una paloma que picotea algo en el suelo. Un portero de finca urbana que barre la acera. Un ciclista. Otro. Varios perros enredados en olisqueos y ladridos. Un tendero que arregla los melocotones del cajón. Una vieja vestida como una adolescente. Una adolescente plagada de tatuajes. Un joven anodino. Un policía municipal. Uno con barba bayeta. Uno que mea en un rincón, donde nadie mira. Un grupo que charla. Muchos que pasan absortos, deprisa, como en trance. Una que limpia los escaparates de la *boutique*. Un mendigo arrodillado. Un cura con alzacuellos. Una familia que pasea. Dos viejos que hablan en un banco, apoyados en el bastón. Un hombre con mono azul que sale de un almacén de electrodomésticos. Otro con bata blanca que entra en una farmacia. Un conductor de ambulancia. Un taxista. Uno que no sabe a dónde va. Una empleada de los ferrocarriles. Uno que lee un cartel pegado en una fachada. Un músico callejero. Un vigilante de seguridad aburrido. Una apoyada en una puerta, esperando que llegue alguien. Un gorrión que echa a volar. El gato que quería cazarlo. Una librera. Una pareja que se besa. Yo.

[De *Todo queda en nada*, inédito]

## [QUE TODOS LOS DÍAS SEAN IGUALES...]

*15 de abril de 2020, 32.º día de reclusión*

Que todos los días sean iguales.
Que no pase nada, excepto que muera gente.
Que las camisas se acumulen sin planchar en el armario.
Las calles vacías.
Que la lluvia no encuentre obstáculos al caer.
Ordenar la biblioteca.
Barrer.
Sentir la presión de hacer, de seguir haciendo, de no dejar de hacer, y buscar la manera de evitarla.
Que no suene el despertador.
Averiguar dónde estaba la lejía.
No afeitarte.
Que los telediarios solo hablen de la epidemia.
Los aplausos de las ocho.
Que los periódicos se sigan publicando.
El aluvión de memes.
Vox vomitando basura.
Escribir un poema.
Que cada día sepamos cuántos han muerto por el virus en las últimas veinticuatro horas.
Hacerte cliente de la tienda de comidas preparadas en la que no habías entrado nunca.
Ordenar los zapatos.
Lavarte minuciosamente las manos.
Hacer una lista con lo que harás cuando acabe el confinamiento.

Las calles vacías.
La hierba desmedida de los parques.
La gente que eructa y que se tira pedos por la calle.
Escribir un poema.
Acostarte tarde.
Sorprenderte cuando llega correo.
Preguntarte qué habrá sido del chico del tercero, que tenía cáncer de huesos.
Ordenar los cajones.
Olvidarte de la agenda.
Comprar gel higienizante.
Leer una biografía de Churchill de mil quinientas páginas.
Corregir poemas.
Escuchar los conciertos para mandolina de Vivaldi.
Ver porno.
Limpiar los picaportes y tiradores de la casa.
Un ron por las tardes.
Que por todas partes haya urracas y cotorras, gorriones y tórtolas, golondrinas y palomas.
Ponerles guasaps a tus hijos.
Desayunar despacio.
No saber cómo funciona la plataforma en la que te han incluido para que teletrabajes.
Hacerte fan de Netflix.
Que se acumulen, junto a los contenedores de basura, cajas con los libros y los trastos que la gente ha tirado al ordenar la casa.
Ordenar el armario de la limpieza.
Las calles vacías.
Que te escriba un amigo del que hacía años no sabías.

Escribir el informe del trabajo en el ordenador de casa.
Un *whisky* los sábados.
No perdonar la siesta.
Los trenes, los andenes y los pasillos del metro, sin nadie.
Escribir con mucha antelación el artículo comprometido.
Ordenar los papeles.
Dejarte acariciar por la inactividad.
Que no falte papel higiénico.
Que se te empañen las gafas si te pones la mascarilla.
Saber de las actividades inverosímiles que se inventa la gente para entretenerse.
Que las personas con las que te cruzas por la calle te deseen «buenas tardes».
Estar preocupado por que te denuncie algún policía de balcón (o te echen agua sucia).
Ir al *paqui* los festivos.
Que te llame la jefa a una hora a la que nunca te había llamado.
Leer los diarios del encierro que escribe la gente.
Corregir poemas.
Que no haya fútbol.
Que el periódico adelgace cada día, como si estuviéramos en agosto.
Los árboles inmóviles, incluso cuando sopla el viento.
Hacer flexiones en el comedor.
Escribir un poema.
Las calles vacías.
Leer a Saint-John Perse.
Echar de menos a gente a la que nunca has echado de menos.
Desear no estar con gente de la que nunca has deseado separarte.
Preocuparte por un dolor leve de garganta.

Felicitarte por no haber metido a tu madre en una residencia de ancianos.
Que una amiga te escriba para decirte que ha pillado el bicho.
Que otra te comunique que ha dado negativo en la prueba.
Que se cumpla el 89.º aniversario de la proclamación de la República y nadie salga a la calle a celebrarlo.
El canto de los pájaros.
Escribir una entrada para el blog.
El ladrido de los perros.
No cruzarte nunca con nadie en la escalera.
Preguntarte de dónde sale el polvo que se acumula por todas partes.
Que te duela todo el cuerpo de estar tantas horas sentado.
Que la gente se pare en la calle a mirar el sol.
Cambiar las sábanas de la cama.
Un gorrión que se posa en la barandilla de la terraza y pía con desespero.
Escuchar a Ella Fitzgerald.
Negarte a hacer pasteles.
Ordenar el pasado.
Escribir un poema.
No encontrar guantes en ninguna farmacia.
Que el suelo esté lleno de mascarillas y guantes de látex desechados.
Quedarte hipnotizado por la nada.
Afeitarte con esmero.
Las calles vacías.
Dejar salir antes de entrar.
Sentir el peso del tiempo.
Tener dificultades para sonreír.

Soportar a los miles de epidemiólogos que había en el país, sin que lo supiéramos, que despotrican contra el Gobierno por no haber aplicado las medidas que ellos sí conocían y que habrían evitado la expansión de la pandemia en España.
Escribir un poema.
Poner la lavadora a sesenta grados.
Las calles vacías.
Reparar en una grieta de la pared que no te habías dado cuenta de que estaba ahí.
La inquietud por que acabe el confinamiento y te encuentres otra vez con una vida que aborreces.
Dormir solo.
Leer a Joseph Roth y admirar su descripción de la Europa de entreguerras.
Recuperar viejos proyectos arrumbados en los archivadores o la memoria.
Los discursos de Pedro Sánchez.
Que los canales de deportes de la televisión sigan existiendo.
Que los productos en los supermercados estén siempre cerca de caducar.
Que, a la salida del supermercado, un hombre insulte a otro por no llevar mascarilla.
Volver a hablar con tu hijo a la hora de comer.
Desear que los que les piden a sus vecinos médicos y enfermeros que se marchen de la finca común, sean privados de su nacionalidad y desterrados a un atolón del Pacífico; o, mejor, fusilados al amanecer.
Corregir poemas.
Enterarte de que un escritor admirado ha muerto por el virus.
Desinfectar el móvil.

Ordenar la ropa.
Descongelar cosas que llevaban meses congeladas.
Que todas las recomendaciones de los deportistas y la gente
de la farándula por las redes y los medios de comunicación
suenen a máximas de autoayuda.
Un amigo que telefonea sin otra intención que charlar.
Las calles vacías.
Desear que pase el tiempo.
Desear que no pase.

[De *Todo queda en nada*, inédito]

## NOTA BIOBIBLIOGRÁFICA

Eduardo Moga (Barcelona, 1962) es poeta y escritor, licenciado en Derecho y doctor en Filología Hispánica por la Universidad de Barcelona.

Ha publicado diversos poemarios, como *La luz oída* (premio Adonáis, 1996), *Las horas y los labios* (2003), *Cuerpo sin mí* (2007), *Bajo la piel, los días* (2010), *Insumisión* (Latino Book Award, EE. UU., 2013), *El corazón, la nada (Antología poética 1994-2014)* (2014), *Muerte y amapolas en Alexandra Avenue* (2017), *Mi padre* (2019; *Translation Choice* de la Poetry Book Society [Gran Bretaña], por *My Father* [2021]), *Tú no morirás* (2021) y *Hombre solo* (2022).

Ha traducido a numerosos autores, como Frank O'Hara, Yoel Hoffmann, Évariste Parny, Carl Sandburg, Charles Bukowski, Richard Aldington, Billy Collins, Tess Gallagher, Ramon Llull, Jaume Roig, Arthur Rimbaud, William Faulkner, Walt Whitman, Penelope Fitzgerald, Diane Wakowski, Evan S. Connell o Harold Norse.

También ha publicado diarios (*Expón, que algo queda*, 2021), libros de viajes (*Americaneando. Un viaje por los Estados Unidos después de Trump*, 2023) y ensayos (*Lector que rumia*, 2023).

Practica la crítica literaria en revistas como *Letras Libres*, *Cuadernos Hispanoamericanos*, *Quimera* y *Turia*, entre otros medios.

Su obra poética ha sido traducida al inglés, francés, italiano, portugués, polaco, checo, eslovaco, serbio, albanés, ruso y ucraniano.

Codirigió la colección de poesía de DVD Ediciones desde 2003 hasta 2012.

En febrero de 2016 fue nombrado director de la Editora Regional de Extremadura y coordinador del Plan de Fomento de la Lectura en Extremadura. En abril de 2018 dimitió de su puesto.

Mantiene el blog *Corónicas de Españia* (eduardomoga1.blogspot.com.es).

# ÍNDICE

En esta edición se empleó papel registro ahuesado en tamaño 65 × 90 de 112 g $m^2$ y cartulina Freelife Merida de 280 g $m^2$. Se utilizó el tipo Bodoni en los cuerpos 7, 8, 9, 10, 11, 12, 13, 18 y 24. Color Pantone 295 U.

*Poemas enumerativos*
Eduardo Moga
Olifante. Ediciones de Poesía

Este volumen se imprimió
en los Talleres Editoriales Cometa de Zaragoza,
cuidando del proceso técnico Albertina Lisbona,
y fue encuadernado por Encuadernaciones Raga, S.A.
El libro quedó terminado el 30 de enero de 2024.

LIBROS PUBLICADOS EN ESTA COLECCIÓN

LUIS CERNUDA, *Cartas a Eugénio de Andrade*
JORGE MANRIQUE, *Coplas de amor y de muerte*
LUIS ANTONIO DE VILLENA, *Un paganismo nuevo*
ÁNGEL CRESPO, *El aire es de los dioses*
ROSENDO TELLO AÍNA, *Meditaciones de medianoche*
FRANCIS VIELÉ-GRIFFIN, *La partenza*
ÁNGEL GUINDA, *Vida Ávida*
DINO CAMPANA, *Cantos órficos*
ÁNGEL PETISME, *Cosmética y terror*
POESÍA ITALIANA DE HOY (1974-1984), *La narración del desengaño*
JACOBO FIJMAN, *Poemas*
ANTÓNIO OSÓRIO, *Antología poética*
CARLOS VITALE, *Noción de realidad*
JOVEN POESÍA ARAGONESA (1987), *Los placeres permitidos*
POESÍA MOZAMBICANA DEL SIGLO XX, *Poesía en acción*
LEOPOLDO ALAS, *Los palcos*
PIETRO CIVITAREALE, *Alegorías de la memoria*
MARINA PINO, *Dejemos que Venecia se hunda*
JORGE DE SENA, *Sobre esta playa*
JULIO ANTONIO GÓMEZ, *El corazón desbordado (Epistolario)*
MIGUEL ANXO FERNÁN-VELLO, *La raíz poseída*
LÊDO IVO, *La moneda perdida*
MANUEL VILAS, *El rumor de las llamas*
CECCO ANGIOLIERI, *Cancionero*
W.B. YEATS, *La torre y el unicornio*
ÁNGEL GUINDA, *Claustro*
RAFAEL INGLADA, *Vidas ajenas*
JEAN-PIERRE COLOMBI, *Lecciones y alegorías*
JOSÉ VIALE MOUTINHO, *Un caballo en la niebla*
CHARLES CROS, *40 poemas*
JUAN ABELEIRA, *Umbral del centinela* y *La piel iluminada*
LUIS FERNÁNDEZ ORDÓÑEZ, *Pájaros de invierno*
VERGÍLIO ALBERTO VIEIRA, *Piedra de trance*
MAGDALENA LASALA, *Seré leve y parecerá que no te amo*
JOSÉ LUIS RODRÍGUEZ GARCÍA, *En la noche más transparente*
CLARA JANÉS, *Ver el fuego*
MIGUEL LABORDETA, *Abisal cáncer*
GABRIEL SOPEÑA, *La Noche del Becerro*
ÁNGEL GUINDA, *Conocimiento del medio*
MANUEL ESTEVAN, *El que cuenta las sílabas*

ÁNGEL ESCOBAR, *Cuando salí de La Habana*
NANCY MOREJÓN, *Botella al mar*
XULIO LÓPEZ VALCÁRCEL, *El volumen de la ausencia*
FERNANDO SANMARTÍN, *Los ojos del domador*
ROBERT BURNS, *Caledonia y otros poemas*
OSÍAS STUTMAN, *Los fragmentos personales*
SERGIO ALGORA, *Paulus e Irene*
TERESA AGUSTÍN, *La tela que tiembla*
MARIANO ESQUILLOR, *Arco lírico*
ILDEFONSO-MANUEL GIL, *Por no decir adiós*
JOSÉ MANUEL GUTIÉRREZ, *El color del aire*
JOAQUÍN SÁNCHEZ VALLÉS, *Preludio y fado*
JESÚS JIMÉNEZ DOMÍNGUEZ, *Diario de la anemia – Fermentaciones*
ÍÑIGO GARCÍA URETA, *Dirección de la derrota*
TEIXEIRA DE PASCOAES, *Señora de la noche*
ANDRÉ PIEYRE DE MANDIARGUES, *Gris perla*
JOSÉ AGOSTINHO BAPTISTA, *Ahora y en la hora de nuestra muerte*
ANDRÉS UNGER, *Visiones*
DAVID ROXÁ, *Como quien pide permiso para la soberbia*
ÀLEX SUSANNA, *Inútil Poesía*
ÁNGEL GUINDA, *Toda la luz del mundo*
FLORBELA ESPANCA, *Las espinas de la rosa*
ANTÓNIO RAMOS ROSA, *Acordes*
ALFREDO SALDAÑA, *Palabras que hablan de la muerte del pensamiento*
JOSÉ MANUEL CAPÊLO, *¿Y si no existieses?*
XOSÉ MARÍA ÁLVAREZ CÁCCAMO, *Habitación del mar*
PABLO NERUDA, *Canto corporal*
ÁNGEL GUINDA, *Toda la luz del mundo (Edición plurilingüe)*
CERVANTES, *Poesía*
MANU CÁNCER, *Poesía completa*
ELENA PALLARÉS, *Ella guarda secretos*
ANTÓNIO OSÓRIO, *El lugar del amor*
ANA CRISTINA CESAR, *Forma sin norma*
BELÉN REYES, *Atrévete a olvidarme*
MANUEL VILAS, *Los chicos están bien. Poesía última*
JOSÉ LUIS ALEGRE CUDÓS, *Poemas*
ENRIQUE VILLAGRASA, *Línea de luz*
RICARDO DÍEZ PELLEJERO, *El cielo del sol mecido*
ÁNGEL GUINDA, *Claro interior*
VV.AA., *20 Poetas Aragoneses Expuestos*
BEGOÑA ABAD, *La medida de mi madre*
MANUEL M. FOREGA, *Ademenos*
ÁNGEL SOBREVIELA, *Roma*

ÁNGEL GUINDA, *Toda la luz del mundo (Edición europea)*
OCTAVIO GÓMEZ MILIÁN, *Nada mejor para esta noche*
BEATRIZ GIMENO, *La luz que más me llama*
MARGA CLARK, *Amnios*
NURIA RUIZ DE VIÑASPRE, *El pez místico*
CASIMIRO DE BRITO, *En la vía del maestro*
JOSÉ ANTONIO CONDE, *El ángulo y la llaga*
JOHN KEATS, *Antología poética (Odas, Sonetos, Otros Poemas, La Víspera de Santa Inés)*
VV.AA., *Avanti (Poetas españoles de entresiglos XX-XXI)*
DOLAN MOR, *El idiota entre las hierbas*
DAVID ACEITUNO, *Sylvia & Ted*
MIGUEL ÁNGEL ORTIZ ALBERO, *Troupe*
JÜRI TALVET, *Del sueño, de la nieve (Antología 2001-2010)*
JOSÉ ANTONIO LABORDETA, *Mar de amor. Canciones*
ÁNGELA SERNA, *Pasos. El sueño de la piedra*
VV.AA., *Yin: Poetas aragonesas, 1960-2010*
ANTÓN CASTRO, *El paseo en bicicleta*
VV.AA., *La pared de agua. Antología de poesía bengalí contemporánea*
MOHSEN EMADI, *Las leyes de la gravedad*
CARMEN RUIZ FLETA, *Polaroid (Todos parecemos más fuertes en las fotografías)*
ROSANA ACQUARONI, *Discordia de los dóciles*
Mª ÁNGELES PÉREZ LÓPEZ, *Atavío y puñal*
FERNANDO AÍNSA, *Poder del buitre sobre sus lentas alas*
JOSÉ VERÓN GORMAZ, *Ritual del visitante*
PILAR PERIS, *Fisuras*
ALBERTO DE LACERDA, *El encantamiento (Antología poética)*
ÁNGEL GUINDA, *Rigor vitae*
ANAÍS PÉREZ LAYED, *El fuego de las sombras*
JORGE RIECHMANN, *fracasar mejor (fragmentos, interrogantes, notas, protopoemas y reflexiones)*
RAÚL CAMPOY GUILLÉN, *Etanol Mortis*
JOSÉ INFANTE, *La libertad del desengaño*
ANTÓN CASTRO, *Seducción*
LUISA MIÑANA, *Ciudades inteligentes*
ÁNGEL PETISME, *El lujo de la tristeza*
IÑIGO LINAJE, *Nunca más adiós. Ensayo para una resurrección*
ÁNGEL GUINDA, *Catedral de la Noche*
DAVID ACEITUNO, *Hogar*
NORMA SEGADES-MANIAS, *Albedrío de uróboros*
ANA LUÍSA AMARAL, *Oscuro*
MARTA DOMÍNGUEZ ALONSO, *Una hoguera en los párpados*
JAVIER RAMÓN JARNE, *La lentitud del frío*

XAVIER SEOANE, *Espiral de sombras*
ANTÓNIO OSÓRIO, *La ignorancia de la muerte*
VV.AA., *Amantes (88 poetas aragoneses)*
LUIS TAMARIT, *Metástasis I*
SHOLEH WOLPÉ, *Cómo escribir una canción de amor*
ALBERTO DE LACERDA, *Elegías de Londres*
MANUEL M. FOREGA, *Luz, más luz*
LUIS TAMARIT, *Metástasis II*
IRENE VALLEJO e INÉS RAMÓN, *La mañana descalza*
ÁNGEL GUINDA y JOSEMA CARRASCO, *Espectral. Cómic*
ELENA PALLARÉS, *Mala estrella*
CARMEN ALIAGA, *Madeleine y las otras*
MARIANO CASTRO, *El ojo y la ceniza*
JORGE MARTÍNEZ, *General Invierno*
CRISTINA GRISOLÍA, *Levedad en la piedra*
VV.AA., *Arquimesa. Poesía en aragonés escrita por mujeres*
ANTÓN CASTRO, *Vino del mar*
JOSEMA CARRASCO, *La felicidad, cariño, es para malgastarla*
JOSÉ MALVÍS, *[ 20 Vatios Azul Pálido ]*
OLGA NOVO, *Felizidad*
ANTONIO PÉREZ MORTE, *Libre de nada, atado a la palabra*
ANTÓN CASTRO, *El cazador de ángeles*
NACHO ESCUÍN, *Nadar hasta la orilla*
JOSÉ ANTONIO SANTANO, *Madre lluvia*
ESTELA PUYUELO, *Ahora que fuimos náufragos*
JORGE MARTÍNEZ, *Tanto por destruir*
ANA MUÑOZ, *Madriguera*
JESÚS RUBIO JIMÉNEZ, *Lugares del corazón*
TERESA RAMÓN JARNE, *Amar mata*
TERE IRASTORTZA GARMENDIA, *Llenabais el mundo*
MARÍA JOSÉ SÁENZ, *Afuera hay sol*
LÉON DEUBEL, *La canción balbuciente (1899)*
ANTONIO SAGREDO, *Cantos del Moncayo*
MARÍA PAZ GUERRERO, *Ranura. Antología poética (2018-2022)*
MARÍA CODURAS BRUNA, *Enajenación transitoria*
BELÉN MATEOS, *Sabor a tránsito. Regreso al poema*
LUIS TAMARIT, *Metástasis III*
GOYA GUTIÉRREZ, *Pozo pródigo*
CARMEN BERASATEGUI, *Cosas asombrosas ocurrirán hoy*
ALEJANDRO VALERO, *Oscuridades*
ALFREDO SALDAÑA, *La acción es el frío*
CELIA CARRASCO GIL, *Rupestre*
GERARDO MARKULETA, *Leer la vida*

TERE IRASTORTZA, *Son nueve, los pájaros*
PEDRO BOSQUED, *Polonio*
ÁNGEL GUINDA, *Poemas útiles de un poeta inútil*
ESTELA PUYUELO, *Déjà vu*
ABDUL HADI SADOUN, *Escribir con* eñe. *Otros poetas en español*
TRINIDAD LUCEA, *Caperucita rota*
INMA BENÍTEZ, *Planeta piel*
ANABEL CORCÍN, *Fondo de armario. Inventario incompleto*
MIGUEL ÁNGEL VÁZQUEZ, *Más allá del bien y del mar (caniculares)*
FRANCISCO ÁLVAREZ KOKI, *Hijos de la luz y de la ira*
JOSÉ LUIS ESTEBAN, *Palabras que no he gastado*
RICARDO DÍEZ PELLEJERO, *El silencio del colibrí*
VV.AA., *Trobada retorno*
EDUARDO MOGA, *Poemas enumerativos*